e-ffrindiau

D0434626

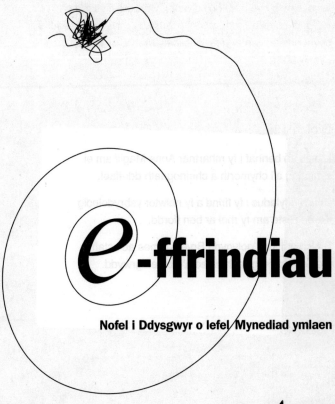

e-ffrindiau

Nofel i Ddysgwyr o lefel Mynediad ymlaen

Lois Arnold

Gomer

Mae Lois Arnold yn byw yn y Fenni. Enillodd dlws
Dysgwr y Flwyddyn yn Eisteddfod Casnewydd yn 2004,
felly mae hi'n cofio'r broses o ddysgu Cymraeg yn dda
iawn. Erbyn hyn mae hi'n diwtor Cymraeg. *Cysgod yn
y Coed*, casgliad (*collection*) o storiau i ddysgwyr, oedd ei
chyhoeddiad cyntaf (*first publication*).

Diolchiadau

Diolch yr
syniadau

Dw i'n dd
Karen Ris

Diolch he
Gomer ar

Cyhoeddwyd yn 2009 gan
Wasg Gomer, Llandysul, Ceredigion SA44 4JL
www.gomer.co.uk

ISBN 978 1 84851 105 7
ISBN 978 1 84851 528 4 / e-lyfr

Argraffwyd a rhwymwyd yng Nghymru gan
Wasg Gomer, Llandysul, Ceredigion

Er cof am fy mam

Beryl Arnold

oedd wrth ei bodd yn Awstralia.

'E-ffrind' Cymraeg

Sut mae! Ceri dw i. Dw i'n byw yn Awstralia.
A dw i'n dysgu Cymraeg!
Dych chi'n byw yng Nghymru?
Dych chi'n dysgu Cymraeg?
Beth am ymarfer Cymraeg gyda e-ffrind
yn Awstralia?

E-bostiwch: cerivincenti@marsupial.au
Diolch!

Mae colli pwysau'n haws dweud na gwneud. Dw i wedi trio pob deiet dan haul. Deiet grawnffrwyth, deiet dim *carbohydrates*, deiet dim braster, deiet dim byd . . . Hefyd dw i wedi trio cyfrif caloriau, tabledi 'gwneud i chi beidio bod eisiau bwyd' ('dyn nhw ddim yn gweithio!), yfed diodydd ych-a-fi yn lle bwyta . . . popeth! Dwi i wedi colli rhai pwysi o dro i dro, ond wedyn dw i wedi'u rhoi nhw ymlaen eto. Y tro 'ma dw i'n mynd i fod yn gall. Fydda i ddim yn ceisio colli pwysau'n rhy gyflym. Bwyta'n gall, dyna'r ateb. Bydda i'n llawer o salad a llysiau, a chyw iâr. Dim teisen, sio~~~

sglodion (diflas!). A dw i'n mynd i yfed llawer o ddŵr. Maen nhw'n dweud dylech chi yfed dau litr o ddŵr bob dydd. Mae'n dda i chi. Ac mae eich bola'n llawn dŵr, felly dych chi ddim eisiau bwyd!

Dw i'n mynd i ymarfer corff, hefyd. Cerdded i ddechrau, wedyn loncian. Hoffwn i fynd i nofio, ond dim tan dw i wedi colli tipyn. Dw i ddim eisiau boddi pawb arall yn y pwll! A beth bynnag, baswn i'n teimlo bod pawb yn edrych arna i ac yn meddwl pa mor dew ydw i. Felly cerdded amdani! Dw i'n mynd i ddechrau'r prynhawn ~~~. Gobeithio bydd y glaw wedi ~~~byn hynny

Beth am? – *what about?*
ymarfer – *to practise*
e-bostiwch – *e-mail*

Dydd Llun 3 *Tachwedd*

Sut mae Ceri?

Sara dw i. Dw i'n byw *yn Ne Cymru*. Dw i'n dysgu Cymraeg *hefyd*. E-ffrind i ymarfer Cymraeg – *syniad* da iawn!

Dw i'n dysgu Cymraeg yn y coleg *lleol*, bob dydd Iau. Sut dych chi'n dysgu Cymraeg yn Awstralia? Mewn coleg? *Pam* dych chi'n dysgu Cymraeg? Dych chi'n dod o Gymru'n wreiddiol? Ble yn Awstralia dych chi'n byw? Dych chi'n gweithio? Cwestiynau, cwestiynau, sori!

Hwyl,
Sara

Tachwedd – *November*	De Cymru (yn Ne Cymru) – *South Wales*
hefyd – *also*	syniad – *idea*
lleol – *local*	pam – *why*

Dydd Mawrth 4 Tachwedd

Helo Sara,

Diolch am yr e-bost. Braf 'cwrdd' â chi!

Dych chi'n byw yn Ne Cymru, a dw i'n byw yn Ne Cymru Newydd – New South Wales, *ar bwys* Sydney. Dych chi'n byw ar bwys Caerdydd?

Dw i ddim yn dysgu Cymraeg mewn *dosbarth*. Dw i'n gwneud cwrs ar-lein. Mae'n dda iawn. Nac ydw, dw i ddim yn dod o Gymru. Dw i'n dod o Awstralia – Adelaide. Ond mae teulu Mam yn dod o Gymru'n wreiddiol.

Dw i'n gweithio fel athrawes *chwaraeon*. Gwaith da iawn, ond *bob nos* dw i wedi blino! Ble dych chi'n gweithio? Beth dych chi'n wneud? Cwestiynau, cwestiynau *eto*!

Hwyl fawr,
Ceri

---

ar bwys – *near*
dosbarth – *class*
chwaraeon – *sport*
bob nos – *every night*
eto – *again*

Dydd Gwener 7 Tachwedd

Helo eto Ceri,

Sut dych chi? Diolch am eich e-bost.

Dydd Gwener, hwrê! Dw i wedi blino. Dw i'n gweithio mewn swyddfa. Mae hi'n ofnadwy! Athrawes chwaraeon dych chi; dych chi'n ffit iawn, *felly* (dim fel fi!). Dych chi'n gweithio mewn ysgol, neu mewn coleg?

Nac ydw, dw i ddim yn byw ar bwys Caerdydd. Ond dw i'n gweithio yng Nghaerdydd. Dw i'n byw mewn *pentre* yn y wlad. Betws Newydd yw ei enw e. Mae'r pentre yn y *mynyddoedd*. Ond mae Sydney *ar lan y môr* – braf iawn! Dw i'n dod o *Sir Benfro*'n wreiddiol, ar bwys y môr.

Ble mae teulu eich mam yn byw? Yn Ne Cymru?

Da boch chi,
Sara

felly – *so, therefore*
pentre – *village*
mynydd(oedd) – *mountain(s)*
ar lan y môr – *at the seaside*
Sir Benfro – *Pembrokeshire*

Dydd Sul 9 Tachwedd

Helo eto, Sara,

Dw i'n dda iawn, diolch. A chi?

Dw i'n gweithio mewn *ysgol uwchradd*, gyda phlant 11–18. Dw i'n dysgu athletau, hoci, pêl-fasged, pêl-fas, gymnasteg, nofio, pêl-foli, pêl-droed, *popeth*!

Pam mae eich swyddfa'n 'ofnadwy'? Beth dych chi'n wneud yn y swyddfa?

Mae teulu Mam yn dod o Abertawe'n wreiddiol. Ond dw i ddim yn siŵr ble mae'r teulu'n byw nawr. (Mae Mam *wedi marw*.) Dw i'n *gobeithio* ffeindio'r teulu, *ryw ddiwrnod*.

Dych chi'n byw mewn pentre yn y mynyddoedd – ffantastig! (Beth yw 'Betws' yn *Saesneg*?) Dych chi'n byw mewn *bwthyn*? Dw i'n byw mewn byngalo bach, gyda Tony, y gŵr ac Alex, Tom a Ruby, y plant. Mae Alex yn un deg un, mae Tom yn naw ac mae Ruby'n chwech. Dych chi'*n briod*? Plant?

Hwyl,
Ceri

ysgol uwchradd – *secondary school*	popeth – *everything*
wedi marw – *dead, has died*	gobeithio – *to hope*
ryw ddiwrnod – *one day*	Saesneg – *English (language)*
bwthyn – *cottage*	yn briod – *married*

Dydd Sadwrn 15 Tachwedd

Sut mae, Ceri?

Diolch am eich e-bost.

Dw i'n gweithio i *gwmni* ffonau. Ysgrifenyddes dw i. Dw i'n gweithio ar y cyfrifiadur, ffonio, ffeilio, e-bostio a helpu'r bòs. Mae'n iawn (wel, mae'n *talu*'r biliau). Ond dw i ddim yn hapus iawn mewn swyddfa. Merch fferm dw i, yn wreiddiol. Person y wlad, dim person y dre. Dw i'n gobeithio ffeindio gwaith newydd.

Betws yw 'prayer house'. Y capel yw'r 'betws', dw i'n meddwl. Dw i ddim yn byw mewn bwthyn (*yn anffodus*). Dw i'n byw mewn tŷ modern.

Ydw, dw i'n briod. Enw'r gŵr yw David. *Peiriannydd sifil* yw e. Mae e'n gweithio i gwmni adeiladu mawr. Beth mae Tony'n wneud?

Evan ac Emma yw enwau'r plant. Mae Evan yn un deg naw ac mae e yn y coleg yn *Llundain* nawr. Mae Emma'n un deg saith ac mae hi yn yr ysgol. Mae hi'n siarad Cymraeg – ond dim gyda fi. (Wel, dim eto . . .)

Hwyl fawr,
Sara

cwmni – *company*
talu – *to pay*
yn anffodus – *unfortunately*
peiriannydd sifil – *civil engineer*
Llundain – *London*

Dydd Gwener 21 Tachwedd

Helo Sara,

Nos Wener, hwrê! Dw i wedi blino.

Dych chi'n deulu *clyfar*! Beth mae Evan yn wneud yn y coleg yn Llundain? Pam mae Emma'n siarad Cymraeg, ond dych chi ddim? Wel, dych chi'n dysgu.

Mae Tony'n gweithio mewn *bwyty*, fel *cogydd*. Mae brawd a chwaer Tony'n gweithio yn y bwyty, hefyd. Bwyty'r teulu yw e – bwyty *Eidalaidd*. Mae teulu Tony'n dod o'*r Eidal* yn wreiddiol. Teulu mawr yw e. ('Y Maffia' dw i'n *galw* teulu Tony, yn breifat! Ond maen nhw'n neis iawn.)

Ble dych chi'n gobeithio ffeindio gwaith newydd? Ar fferm?

Hwyl,
Ceri

clyfar – *clever*	bwyty – *restaurant*
cogydd – *chef, cook*	Eidalaidd – *Italian*
Yr Eidal – *Italy*	galw – *to call*

Dydd Sadwrn 22 Tachwedd

Helo Ceri,

Diolch am eich e-bost.

Dydd Sadwrn – *hyfryd*. Dw i'n hapus iawn ar y penwythnos – dim gwaith!

Ie, teulu clyfar iawn, *pawb ond* fi! Mae Evan yn gwneud cwrs dawns a drama. Mae Emma'n gwneud lefel 'A' Cymraeg yn yr ysgol. Mae plant yn dysgu Cymraeg yn yr ysgol nawr yng Nghymru.

Mmm, bwyty Eidalaidd yn y teulu. Dych chi'n lwcus. Ac mae Tony'n coginio (dim fel David!). Ydy e'n coginio i chi yn y tŷ? Pasta, pizza . . . mae'r plant yn hapus iawn, dw i'n siŵr. Ydy Tony'n siarad *Eidaleg*?

Nac ydw, dw i ddim yn *edrych am* waith ar fferm. Dyw gwaith fferm ddim yn talu'n dda. A dw i ddim yn ffit. Dw i'n gobeithio ffeindio gwaith gyda *phobl* neu *anifeiliaid* (dim gyda phapur!).

Hwyl *am y tro*,
Sara

hyfryd – *lovely*	pawb ond – *everyone but*
Eidaleg – *Italian (language)*	edrych am – *to look for*
pobl – *people*	anifail (anifeiliaid) – *animal(s)*
am y tro – *for now*	

Dydd Llun 24 Tachwedd

Sut mae Sara?

O diar, dydd Llun eto!

Dych chi'n gwneud treigladau ar eich cwrs? O Gaerdydd, o Fangor – ofnadwy!

Ydw, dw i'n lwcus – mae Tony'n gogydd ffantastig. Ond y broblem gyda gwaith Tony yw'r shifftiau. Mae e'n gweithio yn y nos ac ar y penwythnos.

Mae Tony'n *deall* Eidaleg yn dda. Ac mae e'n gallu siarad Eidaleg yn weddol. Mae *mam-gu* a *thad-cu* Tony'n siarad Eidaleg yn y tŷ. Mae'r plant yn siarad *tipyn bach*, hefyd! Ond dw i ddim; wel, *dim ond* tipyn bach, fel 'buon giorno', 'grazie', 'si', ac 'arrivederci'!

Ceri

deall – *to understand*
mam-gu – *grandmother*
tad-cu – *grandfather*
tipyn bach – *a little bit*
dim ond – *only*

Dydd Mercher 26 Tachwedd

Helo eto, Ceri,

Diolch am yr e-bost.

Ydw, dw i'n gwneud treigladau hefyd. *Ych a fi*! 'Peidiwch poeni' ('Don't worry'), mae'r tiwtor yn dweud. Ha ha! (Mae Huw, y tiwtor, yn dda iawn. *Lot o hwyl.*) 'TCP Does Boils Good, Llywelyn Married Rhiannon', mae e'n dweud. Mae e'n helpu, *weithiau*.

Dw i'n nabod pobl *eraill* yn Sydney. Yncl Alan ac Anti Val, a'r plant. Brawd bach Mam yw Yncl Alan. Mae e'n hapus iawn yn byw yn Awstralia.

Mae David yn gweithio yng *Ngwlad Belg* yr wythnos yma – Brwsel. Lwcus iawn!

Hwyl,
Sara

ych a fi – *yuck*
lot o hwyl – *a lot of fun*
weithiau – *sometimes*
eraill (*singular* arall) – *other*
Gwlad Belg – *Belgium*

Dydd Gwener 28 Tachwedd

Helo Sara,

Help! Beth yw 'TCP Does Boils Good, Llywelyn Married Rhiannon'? Dw i ddim yn deall. Sut mae e'n helpu gyda'r treigladau?

Dych chi'n dod i Sydney, i weld eich Yncl Alan a'r teulu?

Mae'n braf iawn i David, gweithio ym Mrwsel.

Mae Tony'n ffan rygbi mawr. Mae gêm ddydd Sul, mae e'n dweud – Awstralia v. Cymru. Ffan pwy ydw i – Awstralia neu Gymru? Dw i ddim yn siŵr.

Hwyl, 'peidwch poeni' am y treigladau!
Ceri

Dydd Sul 30 Tachwedd

Helo Ceri,

'T C P Does Boils Good, Llywelyn Married Rhiannon':
Mae treiglad meddal gyda T, C, P, D, B, G, Ll, M a Rh.
Y broblem nesa: *cofio*'r treigladau!

Mae Yncl Alan ac Anti Val yn dod adre i Gymru bob
blwyddyn. (*Wrth lwc* mae Yncl Alan yn gweithio i Quantas.)
Ond dw i'n gobeithio dod i Awstralia, ryw ddiwrnod.

Mae David ac Evan yn Stadiwm y Mileniwm i weld y gêm,
heddiw. Dw i ddim yn ffan mawr o rygbi. ('Sacrilege' yng
Nghymru!) Dw i'n *edrych ar* gemau mawr Cymru ar y teledu
weithiau, ond dw i ddim yn deall lot. Dych chi'n deall rygbi?
Beth yw pwynt y sgrym? Pam mae'r gêm yn stopio bob dau
funud? Mae David wedi blino ar *drio esbonio*. O wel, *pob
lwc* i Gymru <u>ac</u> i Awstralia heddiw!

Hwyl,
Sara

cofio – *to remember*	blwyddyn – *year*
wrth lwc – *luckily*	edrych ar – *to look at*
munud – *minute*	trio – *to try*
esbonio – *to explain*	pob lwc – *good luck*

Dydd Llun 1 *Rhagfyr*

Helo eto, Sara!

Diolch am yr help gyda'r treigladau. Mae 'TCP Does Boils Good . . .' ar y wal yn *y gegin* nawr.

Da iawn Cymru yn y gêm *ddoe*. (Ond dyw Tony ddim yn hapus iawn!) Nac ydw, dw i ddim yn deall lot am rygbi, sori. Ffan 'soccer' dw i. Dw i'n *chwarae* mewn *tîm merched*. Mae'n hwyl. Yn *y gaeaf* mae'r tîm yn chwarae gêm bob penwythnos. Dyn ni'n *ymarfer* yn yr ysgol bob dydd Mercher. Wedyn dyn ni'n bwyta a siarad mewn caffi neu dafarn. Merched neis iawn ydyn nhw. Ond maen nhw'n chwarae'n galed iawn yn y gemau. Enw'r tîm yw 'The Dragons'! Sori, 'Y Dreigiau'.

Da boch,
Ceri

Rhagfyr – *December*	y gegin – *the kitchen*
ddoe – *yesterday*	chwarae – *to play*
tîm merched – *women's team*	y gaeaf – *winter*
ymarfer – *practise*	caled (yn galed) – *hard*

Dydd Sadwrn 6 Rhagfyr

Helo Ceri,

Diolch am eich e-bost.

Y gwaith cartre yn y dosbarth yr wythnos yma yw ysgrifennu *am* ffrind. Dw i'n ysgrifennu am fy ffrind yn Awstralia! Felly, cwestiynau i chi: Ble yn Sydney dych chi'n byw? Beth yw'ch hobïau chi? Mae eich mam yn dod o Gymru, dw i'n gwybod. O ble mae eich tad yn dod? Ble mae e'n byw? Beth mae e'n wneud?

O na, dych chi'n chwarae 'soccer'! Ydy 'soccer' yn Awstralia fel *pêl-droed* yng Nghymru? Dw i ddim yn deall pêl-droed, *chwaith*.

Ta ta,
Sara

am – *about*
pêl-droed – *football*
chwaith – *either*

Dydd Mawrth 9 Rhagfyr

Sut mae, Sara?

Eich gwaith cartre: Dyn ni ddim yn byw <u>yn</u> Sydney. Dyn ni'n byw mewn swbwrb, 10 *milltir* o'r *ddinas*. Fy hobïau? Dim *amser* i hobïau! Wel, dim ond chwaraeon: pêl-droed, syrffio a deifio sgwba. A dysgu Cymraeg, *wrth gwrs*! Beth yw'ch hobïau chi?

Mae Dad yn dod o Awstralia'n wreiddiol. Mae e'n byw ym Melbourne nawr. Dyw e ddim yn gweithio. Mae e wedi ymddeol. Mae e'n saith deg chwech. Hobi Dad yw *syrffio'r We*. Mae e'n gwneud cyrsiau ar-lein, hefyd. 'Elements of Forensic Science' mae e'n gwneud nawr. Od iawn!

Mae *priodas* y penwythnos nesa. Mae chwaer fach Tony'n priodi dyn o Loegr. Ryan yw ei enw e. Ruby yw'r *forwyn briodas*. Dyw hi ddim yn gallu stopio siarad am *y peth*. Mae hi'n 'trio' ei *ffrog* bob dydd. (Ffrog bolyester, binc, ffriliog – ych a fi!)

Ydy, mae pêl-droed yma fel pêl-droed 'normal'. Ond mae pêl-droed 'Aussie Rules' yma, hefyd. Gêm *wallgof* yw hi!

Hwyl fawr,
Ceri

milltir – *mile*	dinas – *city*
amser – *time*	wrth gwrs – *of course*
syrffio'r We – *to surf the Net*	priodas – *wedding*
morwyn briodas – *bridesmaid*	ffrog – *dress*
y peth – *the thing/the matter (it)*	gwallgof – *mad*

Dydd Iau 11 Rhagfyr

Helo Ceri,

Yn y dosbarth dyn ni'n gwneud 'ti' a 'chi'. Dych chi'n dweud 'ti' gyda ffrindiau. Felly, sut wyt ti heddiw?

Fy hobïau i yw miwsig, *cerdded* yn y wlad a *garddio*. Hefyd dw i'n actio mewn dramâu amaturaidd, amaturaidd <u>iawn</u>.

Mae'r *Nadolig* yn dod. Dw i'n gwneud pwdin Nadolig dydd Sadwrn. Dydd Sul dw i'n mynd i siopa yn Nhrefynwy. Tre *hen ffasiwn*, hyfryd yw Trefynwy. Wyt ti'n gwneud *llawer* o siopa? Dw i'n *gweld eisiau*'r Nadolig gyda phlant bach. Dim *teganau* i Evan ac Emma nawr. Dim ond iPods a Blackberries a phethau electronig dw i ddim yn deall. Dw i'n *prynu* trip balŵn fel syrpreis i David!

Dy'n ni'n mynd i'r fferm yn Sir Benfro dros y Nadolig. Mae Yncl Alun a'r teulu yn Sydney'n mynd i'r *traeth* bob dydd Nadolig, mae e'n dweud. Dych chi'n mynd i'r traeth? *Ymlacio*, barbeciw, mmm . . . *Pob hwyl* i Ruby (a'r teulu) yn y briodas!

Cofion,
Sara

---

cerdded – *to walk*	garddio – *to garden*
Y Nadolig – *Christmas*	hen ffasiwn – *old-fashioned*
llawer – *much, many*	gweld eisiau – *to miss*
tegan(au) – *toy(s)*	prynu – *to buy*
traeth – *beach*	ymlacio – *to relax*
pob hwyl – *good luck / all the best*	

Dydd Sul 14 Rhagfyr

Helo eto, Sara,

Ffiw, amser i ysgrifennu, *o'r diwedd*!

Ydw, dw i'n brysur iawn, yn siopa Nadolig. Beic i Ruby, microsgop i Tom a *bwrdd* syrffio i Alex. A phethau bach i bawb. Hefyd *anrhegion* i deulu Tony ac i Dad a Brenda. Gwraig Dad yw Brenda.

Nadolig ar fferm i chi; braf iawn! Fferm y teulu yw hi? Dych chi'n *cael* Nadolig *gwyn* yng Nghymru? Hyfryd! Dyn ni ddim yn mynd i'r traeth ar ddydd Nadolig. Yn y bore dyn ni'n mynd i'r *gwasanaeth* carolau yn yr eglwys. Mae Alex yn y *côr*. Wedyn dyn ni'n cael *cinio* mawr yn y bwyty – cinio Nadolig Eidalaidd – gyda theulu Tony a ffrindiau. Mae'r bwyta'n *mynd ymlaen* drwy'r prynhawn! Dyn ni'n mynd i'r traeth ar *Ddydd San Steffan*, *fel arfer*. Barbeciw, *nofio*, syrffio, ymlacio!

Wedyn dyn ni'n mynd i weld Dad a Brenda ym Melbourne. *Nos Galan* dyn ni'n mynd i barti mawr gyda theulu Tony.

Hwyl,
Ceri

o'r diwedd – *at last*	bwrdd – *board / table*
anrheg(ion) – *present(s)*	cael – *to have / to get*
gwyn – *white*	gwasanaeth – *service*
côr – *choir*	cinio – *dinner*
mynd ymlaen – *to go on*	fel arfer – *usually*
Dydd San Steffan – *Boxing Day*	nofio – *to swim*
Nos Galan – *New Year's Eve*	

Dydd Llun 15 Rhagfyr

Sut mae Ceri,

Diolch am yr e-bost *diddorol*.

O, mae'n braf byw yn Awstralia! Dydd San Steffan ar y traeth, yn nofio ac yn ymlacio . . . Weithiau dyn ni'n *mynd am dro* ar y traeth yn Sir Benfro dros y Nadolig. Ond dyn ni ddim yn nofio – brrrr! Dw i'n gobeithio am Nadolig gwyn, ond dyn ni ddim yn lwcus, fel arfer.

Ie, fferm y teulu yw hi. Mae Becky, fy chwaer (a Steven, gŵr Becky) yn ffermio yno nawr. Mae Mam a Dad wedi ymddeol. Maen nhw'n 'galafantio' nawr, gyda charafán.

Mae Emma'n *canu* mewn côr, fel Alex. *Bachgen* soprano yw Alex? Hyfryd.

Mae David a fi'n mynd i Lundain heddiw. Mae Evan mewn sioe yn y coleg. *Wedyn* mae e'n dod adre gyda ni dros y *gwyliau*. Hwrê!

Beth yw cinio Nadolig Eidalaidd?

Hwyl,
Sara

diddorol – *interesting*	mynd am dro – *to go for a walk*
canu – *to sing*	bachgen – *boy*
wedyn – *then / afterwards*	gwyliau – *holidays*

Dydd Mawrth 16 Rhagfyr

Helo eto Sara!

Cinio Nadolig teulu Tony yw 'antipasti' (ham a salami), wedyn pasta (tortelini neu rafioli), wedyn *ffowlyn* a *llysiau*, wedyn 'panettone' (*teisen* Eidalaidd). Wedyn mae pawb yn *cysgu*!

Ie, bachgen soprano yw Alex. Mae e'n canu'n dda. Ond dyw canu mewn côr ddim yn 'cŵl', mae e'n dweud nawr! Mae'r plant mewn sioe yn yr ysgol yfory. Angel yw Ruby, a *bugail* yw Tom. Mae Alex yn canu *unawd* yn *Once in Royal David's City*. Dw i'n mynd i *grio*, dw i'n siŵr!

Wyt ti'n *barod* am y Nadolig eto? Dw i ddim. A dw i'n gweithio *tan* ddydd Gwener. Dw i'n ysgrifennu cardiau heno. Dros y penwythnos dw i'n mynd i siopa am anrhegion i Tony. Dw i ddim yn gwybod beth. Llyfrau neu CDs, *siŵr o fod*. Dydd Sul dw i'n mynd i *addurno*'r tŷ a *lapio*'r anrhegion. Wedyn dw i'n mynd i ymlacio!

Hwyl fawr,
Ceri

---

ffowlyn – *chicken*	llysiau – *vegetables*	teisen – *cake*
cysgu – *to sleep*	bugail – *shepherd*	unawd – *solo*
crio – *to cry*	parod – *ready*	tan – *until*
siŵr o fod – *probably*	addurno – *to decorate*	lapio – *to wrap*

Dydd Mercher 17 Rhagfyr

Helo Ceri,

Mae cinio Nadolig Eidalaidd yn *swnio*'n ffantastig!

Dyn ni'n cael parti yn y dosbarth Cymraeg nos yfory. *Siôn Corn*, canu carolau Cymraeg a chwarae gemau. Dw i'n mynd i wneud mins peis i'r parti heno. (Dw i ddim yn gogydd da iawn, ond dw i'n trio.)

Dw i'n gobeithio siarad Cymraeg â'r teulu dros y gwyliau. Dim ond tipyn bach, fel 'Bore da', 'Sut dych chi' a *'Nadolig Llawen'*. Mae Dad yn gallu siarad Cymraeg ond dyw e ddim yn siarad Cymraeg â'r teulu, fel arfer. Ac mae plant Becky'n dysgu Cymraeg yn yr ysgol, fel Emma ac Evan. Dw i'n *ceisio* perswadio David i ddysgu nawr, hefyd!

Hwyl,
Sara

swnio – *to sound*
Siôn Corn – *Santa Claus*
Nadolig Llawen – *Merry Christmas*
ceisio – *to try*

Dydd Gwener 19 Rhagfyr

Heia eto Sara,

Hwrê, mae'r ysgol *wedi gorffen*. Dim gwaith am chwech wythnos! Amser i ymlacio a chael hwyl gyda'r plant, *tacluso*'r tŷ, garddio, gweld ffrindiau . . . Gobeithio bydd y tywydd yn dda. Mae hi'n gymylog heddiw, ond bydd hi'n heulog dros y penwythnos, mae'r ferch ar y radio'n dweud. Sut mae'r tywydd yng Nghymru?

Dyna braf: parti yn eich dosbarth, carolau Cymraeg, siarad Cymraeg â'r teulu dros y gwyliau. Mae'r teulu yma'n siarad lot o Eidaleg. Dim ymarfer Cymraeg i fi. Pam dyw eich tad ddim yn siarad Cymraeg â'r teulu, fel arfer?

Ta ta,
Ceri

wedi gorffen – *has finished*
tacluso – *to tidy*
dyna braf – *that's nice*

Dydd Sul 21 Rhagfyr

Helo Ceri,

Problemau, problemau yma! Dyw Emma ddim yn dod i Sir Benfro, mae hi'n dweud. Pam? Mae hi'n protestio am *'ôl-troed* carbon' y car. Mae Emma'n poeni lot am bethau *'gwyrdd'*. A dyw hi ddim yn bwyta *cig*, felly dim twrci, ham, *selsig*, bacwn . . . Hefyd, wrth gwrs, mae cariad Emma yma, dim yn Sir Benfro. O diar! Dw i ddim yn gwybod beth i wneud. Dyn ni ddm yn gallu mynd i Sir Benfro *heb* Emma.

Mae'r tywydd yn ddiflas, hefyd! Gobeithio bydd hi'n well yfory.

Dyw Mam ddim yn siarad Cymraeg. Dyna pam dyw Dad ddim yn siarad Cymraeg yn y tŷ. Mae Mam yn dod o dde Sir Benfro'n wreiddiol. 'Little England Beyond Wales' yw hi, lle mae pobl yn siarad Saesneg. Mae Dad yn dod o ogledd Sir Benfro, lle mae pobl yn siarad Cymraeg (a Saesneg). Mae'n od, ond peth *hanesyddol* yw e.

Hwyl fawr,
Sara

ôl-troed – *footprint*   gwyrdd – *green*
cig – *meat*   selsig – *sausages*
heb – *without*   hanesyddol – *historic*

Dydd Llun 22 Rhagfyr

Sut mae Sara?

Sori am y problemau gyda'r Nadolig. Beth dych chi'n mynd i'w wneud?

Mae eich teulu chi fel ni: Mam yn siarad Cymraeg ond Dad ddim. Dw i'n cofio Mam yn siarad Cymraeg â fi, tipyn bach. Ac yn canu yn Gymraeg yn y tŷ – *emynau*, dw i'n meddwl. Dw i'n cofio'r *tonau*. Ond dw i ddim yn cofio'r *geiriau*, yn anffodus. Ond nawr dw i'n dysgu '*Tawel Nos*' yn Gymraeg. Mae hi'n hyfryd. Mae'r plant yn ei dysgu hi hefyd. Dyn ni'n mynd i berfformio'r garol fel syrpreis i Tony, *Noswyl Nadolig*.

Nadolig Llawen i ti a'r teulu!
Ceri

emyn(au) – *hymn(s)*
tôn (tonau) – *tune, melody*
gair (geiriau) – *word(s)*
Tawel Nos – *Silent Night*
Noswyl Nadolig – *Christmas Eve*

Dydd Mawrth 23 Rhagfyr

Helo Ceri,

Mae popeth yn iawn nawr, diolch! Dyn ni'n mynd i Sir Benfro ar y trên. Dw i'n gwneud 'Mock Goose' (rhost *ffa* coch a stwffin – ych a fi!) i ginio Nadolig Emma. Pam fi, 'mygins'? Ac mae cariad Emma'n dod i Sir Benfro hefyd. Felly mae Emma'n hapus, a dw i'n hapus. Dyn ni'n mynd y prynhawn 'ma.

Ar ôl y Nadolig dyn ni'n mynd i weld teulu David ym Merthyr. Nos Galan dyn ni'n mynd i'r *rasys* yn Aberpennar. Rasys *rhedeg* ydyn nhw, gyda *rhedwyr gwych*. Dyn ni'n dod adre yn y flwyddyn newydd. Felly, Nadolig Llawen a Blwyddyn Newydd Dda i ti a'r teulu!

Cariad,
Sara

ffa – *beans*   ar ôl – *after*
ras(ys) – *race(s)*   rhedeg – *to run*
rhedwyr – *runners*   gwych – *wonderful*

Dydd Llun 5 *Ionawr*

Blwyddyn Newydd Dda, Sara!

Sut wyt ti? A sut mae'r teulu? Nadolig da yn Sir Benfro?
Beth am y Gymraeg? Nadolig gwych yma, ond dw i wedi
blino. Mae teulu Tony'n hyfryd, ond yn waith caled, weithiau.
Partis ddydd a nos!

Mae hi'n wyliau *haf, ar hyn o bryd*. (Dyn ni'n mynd *yn ôl* i'r
ysgol ddechrau *mis Chwefror*.) Dw i'n gobeithio gwneud
llawer dros y mis nesa: mynd ar wyliau bach, gweithio yn y
tŷ a'r ardd, gwneud pethau gyda'r plant, rhedeg, gwaith
papur i'r ysgol (diflas!), darllen, siopa am iwnifforms ysgol
newydd i'r plant . . . Beth wyt ti'n wneud? Wyt ti'n ôl yn y
gwaith?

Hwyl,
Ceri

Ionawr – *January*	haf – *summer*
ar hyn o bryd – *at the moment*	yn ôl – *back*
mis – *month*	Chwefror – *February*

Dydd Mawrth 6 Ionawr

Sut mae, Ceri?

Diolch yn fawr am yr e-bost.

Blwyddyn Newydd Dda i ti, hefyd. Nadolig hyfryd, diolch.
Mae'r teulu'n dda iawn. (Mae siarad Cymraeg yn iawn yn y
dosbarth, ond dw i'n *swil*, gyda'r teulu!)

Sut mae Tony a'r plant? Hapus gyda'r anrhegion
Nadolig? Dyw David ddim yn hapus iawn am y trip balŵn.
Tipyn bach o sioc. O wel, dw i ddim yn siŵr iawn am anrheg
David i fi: *tocyn tymor* i'r 'gym'. *Cadw'n heini*, ych a fi!

Rwyt ti'n brysur iawn dros y mis nesa! Pryd dych chi'n mynd
ar wyliau? Ble dych chi'n mynd?

Ydw, dw i'n ôl yn y gwaith nawr, yn anffodus. Mae David,
Emma ac Evan ar wyliau *o hyd*. Mae'n 'chaotic' yn y tŷ yma.
Mae David yn peintio'r *ystafell fyw*. Ac mae ffrindiau Emma
ac Evan yn dod i'r tŷ a bwyta popeth. Dw i'n mynd i wneud
siopa bwyd <u>eto</u> yfory.

swil – *shy*	tocyn tymor – *season ticket*
cadw'n heini – *to keep fit*	o hyd – *still*
ystafell fyw – *living room*	

Wyt ti'n gwneud *addunedau* Blwyddyn Newydd? Dw i'n
mynd i:

– ymarfer Cymraeg bob dydd
– stopio gwylio *operâu sebon* Saesneg ofnadwy a dechrau
  gwylio S4C (sianel pedwar Cymru)
– ffeindio *swydd* newydd
– stopio smocio (dw i'n gwybod, mae smocio'n ofnadwy – ac
  mae'n costio ffortiwn!).

Hwyl,
Sara

adduned(au) – *resolution(s)*
opera (operâu) sebon – *soap opera(s)*
swydd – *job*

Dydd Iau 8 Ionawr

Helo Sara,

Mae'n 'chaotic' yma, hefyd! Mae chwech o blant yn y tŷ –
Alex, Tom a Ruby, wrth gwrs, a phlant Teresa (chwaer Tony),
hefyd. Mae plant Teresa'n ddeg, wyth a phump oed. Nyrs yw
Teresa. Yr wythnos yma mae hi'n gweithio bob dydd. Felly
mae'r plant yn dod yma. Mae Alex, Tom a Ruby'n hapus
iawn, ond dw i *wedi blino'n lân*! Ond dyn ni'n mynd ar wyliau
dydd Sadwrn, hwrê! Mae Tony'n cael wythnos o wyliau o'r
gwaith. Dyn ni'n mynd ar drip bach yn y 'campervan'.
('Campervan' teulu Teresa yw e.) Mae Parciau *Cenedlaethol*
hyfryd ar bwys Sydney. Dych chi'n gallu seiclo, cerdded,
nofio, *pysgota* a gweld *bywyd gwyllt*. Mae *engrafiadau*
'Aboriginal' gwych yno, hefyd.

Pob lwc gyda'r addunedau Blwyddyn Newydd!
Fy addunedau i yw:

– ffeindio siaradwyr Cymraeg yma, yn Sydney
– rhedeg bob dydd
– ffeindio teulu Mam yng Nghymru.

Hwyl am y tro,
Ceri

---

wedi blino'n lân – *exhausted*   cenedlaethol – *national*
pysgota – *to fish*   bywyd gwyllt – *wildlife*
engrafiad(au) – *engraving(s)*

Dydd Sadwrn 17 Ionawr

Sut mae, Ceri?

Diolch am yr e-bost diwetha.

Dych chi'n ôl o'r trip eto? Sut oedd e? (Hwrê, dw i'n gallu dweud 'was' yn Gymraeg nawr! Wyt ti'n gwneud 'roedd' ar y cwrs eto?)

Haf yn Awstralia – hyfryd! Sut mae'r tywydd? Y gaeaf yw hi yma. Mae hi'n ddiflas. Roedd hi'n braf dros y Nadolig; yn oer, ond yn heulog. Ond nawr mae hi'n bwrw glaw, glaw, glaw, bob dydd.

Pa anifeiliaid dych chi'n gallu gweld yn y Parciau Cenedlaethol? Cangarŵs a 'choalas'? Beth am anifeiliaid *peryglus*, fel *nadroedd*? Mae Parc Cenedlaethol yma – *Bannau Brycheiniog*. Mynyddoedd yw'r Bannau. Dim cangarŵs, ond mae'n braf iawn mynd am dro yno.

Pam wyt ti'n mynd i redeg bob dydd? Rwyt ti'n 'masochist'!

Pob lwc gyda ffeindio'r teulu yng Nghymru. Os dw i'n gallu helpu *o gwbl*, dw i'n hapus iawn i drio.

Hwyl fawr,
Sara

---

pa – *which / what*
peryglus – *dangerous*
neidr (nadroedd) – *snake(s)*
Bannau Brycheiniog – *Brecon Beacons*
o gwbl – *at all*

Dydd Sul 18 Ionawr

Helo Sara,

Roedd y trip yn wych, diolch. Yn y Parc Cenedlaethol dych chi'n gallu gweld cangarŵs, walabis, poswms a llawer o *adar* hyfryd, fel parotiaid, cocatwod a galahs. Dim llawer o goalas nawr, yn anffodus. Weithiau dych chi'n gweld nadroedd, ond maen nhw'n swil iawn.

Ydy, mae'r tywydd yn braf yma, ond mae'n sych ofnadwy ar hyn o bryd. Mae'n broblem fawr i ffermwyr. Ac mae pawb yn poeni am *dân*. Yng Nghymru dych chi wedi blino ar y glaw, ond dyn ni'n <u>gobeithio</u> bydd hi'n bwrw glaw!

Diolch yn fawr am *gynnig* helpu i ffeindio teulu Mam yng Nghymru. *Caredig* iawn.

Pam dw i'n rhedeg bob dydd nawr? Dw i'n gwneud hanner-marathon ym *mis Medi*. Wedyn Marathon Sydney y flwyddyn nesa, gobeithio. Ie, 'masochist' dw i!

Sut mae'r ystafell fyw? A sut mae'r smocio'n mynd?

Hwyl,
Ceri

---

aderyn (adar) – *bird(s)*
tân – *fire*
cynnig – *to offer*
caredig – *kind*
mis Medi – *September*

Dydd Llun 19 Ionawr

Helo Ceri,

Diolch am yr e-bost. Rwyt ti'n mynd i redeg marathon! Boncyrs! Ond da iawn, ti. Mae'n ffantastig.

Dyn ni'n gwneud 'bydd' ar y cwrs nawr. Felly dyn ni'n gallu siarad am y *presennol*, y *gorffennol* a'r *dyfodol*. 'Roedd hi'n bwrw glaw ddoe, mae hi'n bwrw glaw heddiw, a bydd hi'n bwrw glaw yfory!' (Dim *perygl* tân yma.)

Mae'r ystafell fyw'n smart iawn. Papur wal gwyrdd a phaent gwyn. Dyn ni'n mynd i beintio'r ystafell wely nesa (papur *melyn* a phaent *glas*).

Mae Evan yn ôl yn Llundain ac mae Emma yn yr ysgol. Dw i'n gweld eisiau Evan. Bydd Emma'n mynd i'r coleg ym mis Medi, hefyd. Bydd y tŷ'n dawel iawn, wedyn.

Mae stopio smocio'n *anodd*. Fel arfer dw i'n smocio *tua* deg sigarét y dydd, ond nawr dw i'n cael tair neu bedair. Ond dw i'n bwyta llawer o *siocled*, bisgedi a mintys. A dw i'n 'moody', mae Emma'n dweud. Hy! Tipyn bach yn sensitif dw i, weithiau, *dyna'r cwbl*.

Ta ta am y tro,
Sara

presennol – *present*	gorffennol – *past*
dyfodol – *future*	perygl – *danger*
melyn – *yellow*	glas – *blue*
anodd – *difficult*	tua – *about*
siocled – *chocolate*	dyna'r cwbl – *that's all*

Dydd Iau 22 Ionawr

Helo, Sara,

Da iawn ti am y smocio. Rwyt ti'n gwneud yn dda. *Dal ati*!

Dw i'n cael wythnos *brysur* iawn. Mae Alex, Tom a Ruby'n mynd i glwb plant dros y gwyliau. Maen nhw'n gwneud chwaraeon, drama, *celf a chrefft*, gemau, *ac ati*. Gwych – mae'r plant yn *mwynhau* a dw i'n cael amser i wneud pethau. Ond yr wythnos yma mae'r athro chwaraeon yn absennol, yn *sâl*. Felly dw i'n helpu. Dim gwyliau i fi! O wel, mae'n braf cael hwyl gyda'r plant. Dw i ddim yn dysgu plant bach, fel arfer. Mae'n *bosibl* gwneud pethau dw i ddim yn gwneud yn yr ysgol, fel gemau yn y pwll, trampolîn a gemau parasiwt. *Yfory* dyn ni'n cael 'rasys waci' – ras 'cangarŵ', 'pasio'r sbwnj gwlyb', 'fflapio'r *pysgodyn*', *ayb*.

Mae Tom a Ruby'n hoffi cael Mam fel athrawes yn y clwb. Mae e'n 'embarrassing', mae Alex yn dweud!

Wyt ti'n mynd i'r *gampfa* nawr? Wyt ti'n mwynhau? Sut mae'r gwaith?

Hwyl,
Ceri

dal ati – *stick at it*	prysur – *busy*
celf a chrefft – *art and craft*	ac ati – *and so on*
mwynhau – *to enjoy*	sâl – *ill*
posibl – *possible*	yfory – *tomorrow*
pysgodyn (pysgod) – *fish*	ayb. – *etc.*
campfa – *gym*	

Dydd Sul 25 Ionawr

Shwmae Ceri,

Dydd Santes Dwynwen hapus! Mae Dydd Santes Dwynwen fel 'Saint Valentine's Day' – dydd cariadon Cymru. Dw i'n gwneud *swper rhamantus* heno. Bwyd 'posh' Marks & Spencer, *potelaid o* siampên pinc, teisen *siâp calon.* 'Trist', mae Emma'n dweud. (Gobeithio bydd hi'n mynd ma's heno!)

Nac ydw, dw i ddim yn hoffi'r gampfa. Mae'n ddiflas. Dyw pobl ddim yn siarad. Mae pawb yn edrych ar y teledu. Dw i'n meddwl am ddechrau rhedeg, fel ti (jôc!).

Mae'r tywydd yn ddiflas, mae'r gaeaf yn ddiflas, dw i'n ddiflas! Mae pawb yn ddiflas yma, ar ôl y Nadolig. Dyna pam mae pobl yn bwcio gwyliau. A dyn ni'n mynd i'r Eidal ddydd Gwener! Penwythnos hir yn Fenis, i fi a David. Mynd mewn gondola, a'r gondolier yn canu 'O Sole Mio'. (Dyw Emma ddim yn dod. Gwyliau gyda Mam a Dad – diflas! Bydd hi'n *aros* gyda ffrind.)

Mae bòs newydd gyda fi yn y gwaith. Mae e'n *dechrau* systemau newydd (*twp*) i bopeth. A does dim *paned* o goffi

swper – *supper*	rhamantus – *romantic*
potelaid o – *a bottle of*	siâp calon – *heart-shaped*
trist – sad	aros – *to stay*
dechrau – *to start*	twp – *stupid*
paned – *a cuppa*	

a *sgwrs* yn y bore nawr. Mae targedau newydd gyda phawb, a does dim munud sbâr i fynd i'r *tŷ bach*, *hyd yn oed*! Ond wythnos nesa dw i'n mynd i'r *ganolfan waith* i ffeindio swydd newydd.

Hwyl,
Sara

sgwrs – *a chat*   tŷ bach – toilet
hyd yn oed – even   canolfan waith – *jobcentre*

Dydd Llun 26 Ionawr

Helo Sara,

Roedd hi'n ddiddorol clywed am Ddydd Santes Dwynwen. Mae hi'n ddydd *arbennig* yma, heddiw: Dydd Awstralia. Dyn ni'n mynd i Hyde Park am y dydd. *Bydd barbeciw* a hwyl i'r teulu. Wedyn heno dyn ni'n mynd i weld y *tân gwyllt* yn yr harbwr.

Penwythnos yn Fenis, hyfryd iawn! Gobeithio bydd y tywydd yn braf. Mae Mam a Dad Tony'n nabod Fenis. Mae'n fendigedig, maen nhw'n dweud.

Mae'r bòs newydd yn dy swyddfa di'n swnio'n ofnadwy. Gobeithio bydd swydd dda i ti yn y ganolfan waith. Oes swyddi *ar gael* yng Nghymru? Does dim llawer o swyddi yma. Ac mae pobl yn poeni am *golli* swyddi. Dw i'n lwcus, yn gweithio fel athrawes. Mae fy swydd i'n *saff* – dw i'n meddwl!

Dw i'n darllen llyfr da iawn am Gymru: 'Rape of the Fair Country', gan Alexander Cordell. Llyfr hanesyddol yw e. Roedd y llyfr mewn siop hen lyfrau yn Sydney. Dw i'n mynd i edrych ar y we nawr, am lyfrau am Gymru. Dw i'n hoffi darllen. Wyt ti?

Pob hwyl i ti a David yn Fenis!
Ceri

arbennig – *special*	bydd barbeciw – *there will be a barbecue*
tân gwyllt – *fireworks*	ar gael – *available*
colli – *to lose*	saff – *safe*

Dydd Mawrth 3 Chwefror

'Buon giorno' Ceri!

Mae Fenis yn *bellisimo*, dw i'n siŵr – pan dyw hi ddim yn bwrw glaw. Roedd y tywydd yn ofnadwy. *Dŵr*, dŵr, dŵr – dw i wedi blino ar ddŵr! Dyw trip gondola ddim yn rhamantus iawn yn y glaw. Ond roedd y *gwesty*'n dda. Mae bwyd Eidalaidd yn ffantastig. Ac mae St Mark's Square a'r Doge's Palace yn hyfryd.

Mae'r llyfr 'Rape of the Fair Country' yn wych. Dw i'n nabod y *lleoedd* yn y llyfr: Nantyglo, Garndyrys, Blaenafon, Y Fenni. A dw i'n cerdded ar y mynydd – Y Blorenge – weithiau. Mae e'n hyfryd nawr. Wel, dw i ddim yn cerdded _lan_ y mynydd, *a dweud y gwir. Gyrru* lan dyn ni, ac wedyn cerdded ar y top. Ofnadwy, dw i'n gwybod! Mae'r Blorenge yn *serth* iawn, iawn. Ond yn y gorffennol *roedd pobl* yn cerdded lan y mynydd yn y bore, yn gweithio *drwy'r dydd*, ac wedyn yn cerdded lawr y mynydd gyda'r nos. Ofnadwy!

Ydw, dw i'n hoffi darllen yn fawr iawn. Dw i'n hoffi nofelau ditectif a llyfrau am bobl. Dw i'n hoffi cerdded hefyd.

dŵr – *water*	gwesty – *hotel*
lle(oedd) – *place(s)*	lan – *up*
a dweud y gwir – *to tell the truth*	gyrru – *to drive*
serth – *steep*	drwy'r dydd – *all day*
roedd pobl – *people used to*	

Mae David a fi'n ceisio mynd am dro bob penwythnos. Beth mae Tony'n hoffi wneud yn ei amser sbâr?

Nac oes, does dim llawer o swyddi ar gael yma. Ac mae siopau a ffatrïoedd yn *cau*, a phobl yn colli swyddi. Dw i'n lwcus, dw i'n gwybod – mae swydd gyda fi. Ond beth yw'r pwynt, os dw i ddim yn hapus? (Ocê, arian yw'r pwynt! Ond mae *hapusrwydd* yn *bwysig*, hefyd.) Dw i'n cael 'mid-life crisis', mae David yn meddwl. Wel, 'mid-life crisis' *neu beidio*, dw i'n mynd i ffeindio swydd dw i'n mwynhau!

Cariad,
Sara

cau – *to close*
hapusrwydd – *happiness*
pwysig – *important*
neu beidio – *or not*

Dydd Iau 5 Chwefror

Helo Sara,

O diar, sori am y tywydd diflas yn Fenis. Dyn ni'n gobeithio mynd i'r Eidal, rywbryd. Ond dim yn y gaeaf, dw i'n meddwl! Mae teulu Tony'n dod o *ardal* Florence yn wreiddiol. Mae'n hyfryd, maen nhw'n dweud.

Dw i'n ôl yn y gwaith. Mae'n brysur iawn. Mae Alex yn dechrau yn yr ysgol uwchradd. Mae e'n edrych yn smart iawn yn ei iwnifform newydd. Mae e'n nerfus, ond bydd e'n iawn, dw i'n meddwl.

Dyn ni'n hoffi cerdded, hefyd, a seiclo. Mae Tony'n gwneud jiwdo. Mae e'n dda iawn. Mae e'n pysgota, weithiau. Ac mae e'n hoffi garddio, fel ti. Mae'r ardd yn fach, ond mae e'n mwynhau *tyfu* llysiau: tomatos, garlleg, 'courgettes', oregano a basil. Oes *diddordebau* gyda David?

Dyn ni'n mynd i weld tŷ ddydd Sadwrn. Byngalo mawr. Mae'r tŷ yma'n *rhy fach* i ni nawr. Mae Alex a Tom yn *yr un ystafell wely*. Ac mae'r gegin yn fach iawn. Felly dyn ni'n gobeithio prynu tŷ newydd, <u>os</u> dyn ni'n gallu *gwerthu*'r tŷ yma a chael *morgais*. Mae pedair ystafell wely yn y tŷ

---

ardal – *area*
diddordeb(au) – *interest(s)*
yr un ystafell wely – *the same bedroom*
morgais – *mortgage*

tyfu – *to grow*
rhy fach – *too small*
gwerthu – *to sell*

dyn ni'n mynd i weld. Hefyd mae feranda a gardd fawr.
Mae *pris* y tŷ'n *rhesymol* iawn. Mae 'scope for improvement'
yn y tŷ, mae'r *hysbyseb* yn dweud. Llawer o waith i'w
wneud, felly, mae Tony'n dweud!

Hwyl fawr,
Ceri

pris – *price*
rhesymol – *reasonable*
hysbyseb – *advertisement*

Dydd Gwener 6 Chwefror

Helo Ceri,

Diolch am yr e-bost diddorol.

Mae hi'n bwrw eira yma nawr. Mae hi'n *bert* iawn ar y mynyddoedd. Dw i'n mynd am dro gyda'r camera yfory.

Diddordebau David yw peintio, ffotograffiaeth a rygbi, wrth gwrs. Mae e'n hoffi chwarae golff, hefyd. Ond does dim llawer o amser gyda fe i chwarae. Mae'r blincin rygbi'n dechrau eto nawr, wrth gwrs – *Pencampwriaeth y Chwe Gwlad*. Mae David yn mynd i'*r Alban* yfory, i weld gêm Cymru v. Yr Alban. Mae e fel plentyn bach, yn hapus iawn!

Mae fy chwaer, Rachel, yn dod heno, i aros am y penwythnos. Dw i'n mynd i wneud *cawl cennin a thatws* i swper. Bwyd da mewn tywydd oer! Mae dwy chwaer gyda fi: Becky a Rachel. Mae Rachel yn byw ym Mryste (Bristol). Hi yw brêns y teulu. Mae hi'n gweithio yn y *brifysgol* fel athrawes ffiseg. Roedd Rachel yn swot yn yr ysgol. Dim fel

---

pert – *pretty*
Pencampwriaeth y Chwe Gwlad – *Six Nations Championship*
Yr Alban – *Scotland*
cawl cennin a thatws – *leek and potato soup*
prifysgol – *university*

fi – y *ferch ddrwg* yn smocio yn y sied feiciau! Does dim brawd gyda fi. Oes brawd neu chwaer gyda ti?

Gobeithio bydd y byngalo'n dda. Feranda – posh iawn! Ydy hi'n anodd cael morgais yn Awstralia? Mae'n anodd yma nawr, *ers* y problemau economaidd.

Sôn am yr economi – does dim swyddi da yn y ganolfan waith o gwbl. Dw i'n mynd i drio'r papurau.

Ta ta,
Sara

merch ddrwg – *naughty girl*
ers – *since*
sôn am – *talking of*

Dydd Sul 8 Chwefror

Helo Sara,

Eira yng Nghymru – hyfryd iawn! Mae hi'n dwym ofnadwy yma nawr. Mae hi'n wyntog iawn hefyd. Mae *tanau* mawr, gwyllt yn Victoria. Dw i'n poeni am Dad ym Melbourne.

Nac oes, does dim brawd na chwaer gyda fi. Does dim teulu gwreiddiol gyda fi yn Awstralia, ond Dad. Dyna pam dw i'n gobeithio *cysylltu â* theulu Mam yng Nghymru. Roedd un brawd a dwy chwaer gyda Mam, felly mae antis ac yncl gyda fi. Mam-gu a thad-cu hefyd, gobeithio.

Roedd y byngalo'n ofnadwy, ond mae potensial mawr gyda fe, dw i'n meddwl. Mae *dyn* od iawn yn byw yna, gyda dau *gi* Alsatian mawr. Dyw e ddim yn gwneud llawer o *lanhau*, dw i'n siŵr. Ond mae cegin fawr, *lolfa/ystafell fwyta*, pedair ystafell wely dda, feranda a gardd *enfawr*. Mae *gormod* o waith i'w wneud, mae Tony'n meddwl. Ond dw i'n hapus i wneud y gwaith.

Mae Tony'n siarad am y rygbi – y Chwe Gwlad. Roedd yr Eidal yn chwarae ddoe. Lloegr 36, Yr Eidal 11. Dyw Tony ddim yn hapus iawn! Gobeithio bydd Cymru'n gwneud yn well.

Hwyl fawr,
Ceri

tân (tanau) – *fire(s)*	cysylltu â – *to contact*
dyn – *man*	ci – *dog*
glanhau – *to clean*	lolfa / ystafell fwyta – *lounge/diner*
enfawr – *huge*	gormod – *too much*

Dydd Llun 9 Chwefror

Helo Ceri,

Roedd y tanau gwyllt yn Awstralia ar y teledu yma neithiwr. Mae'n ofnadwy. Gobeithio bydd dy dad yn iawn, ym Melbourne. Dyn ni'n lwcus yma, yn cael eira a glaw.

Sori am y rygbi. *Druan â Tony!* Mae David yn hapus iawn am gêm Cymru v. Yr Alban (26–13). Mae gêm Cymru v. Lloegr y penwythnos nesa. Dw i'n meddwl *wylio*'r gêm ar y teledu. <u>Fi</u>, yn gwylio rygbi!

Mae'r byngalo ofnadwy-ond-*llawn*-potensial yn swnio'n *gyffrous*. Ydy'r tŷ *ei hun* – y brics a morter – yn iawn, wyt ti'n meddwl? Dyw tipyn bach (neu lot!) o lanhau a pheintio ddim yn broblem.

Dw i'n gallu deall pam rwyt ti'n gobeithio ffeindio'r teulu yng Nghymru. Mae teulu'n bwysig i fi, hefyd. Ac mae *gwreiddiau*'n bwysig. Wyt ti'n gwybod llawer am y teulu? Oes papurau teuluol gyda ti?

Sut mae'r cwrs Cymraeg yn mynd? Sut dych chi'n dysgu Cymraeg ar-lein? Dych chi'n darllen popeth? Neu dych

druan â Tony! – *poor Tony!*	gwylio – *to watch*
llawn – *full*	cyffrous – *exciting*
ei hun – *itself*	gwreiddiau – *roots*

chi'n gallu gwrando ar bobl yn siarad? Dw i'n hoffi *gwefan*
Dysgu Cymraeg BBC Cymru. Dw i'n edrych ar fideos
The Big Welsh Challenge, weithiau. Maen nhw'n *ddoniol*.
Dw i'n gwrando ar Radio Cymru, hefyd, yn y car, fel arfer.
Dw i ddim yn deall lot! Ond *does dim ots*, mae Huw'n
dweud. Mae <u>*clywed*</u> Cymraeg yn help mawr.

Hwyl,
Sara

gwefan – *website*
doniol – *funny*
does dim ots – *it doesn't matter*
clywed – *to hear*

Dydd Mercher 11 Chwefror

Helo eto, Sara!

Diolch am yr e-bost caredig.

Nac ydw, dw i ddim yn gwybod llawer am deulu Mam. *Buodd Mam farw* (mewn *damwain*) ym 1981. Roedd hi'n ddau ddeg saith oed, a fi'n wyth. Ond dw i'n cofio tipyn bach. Roedd Mam yn siarad â fi am Gymru ac am y teulu. Roedd brawd gyda hi o'r enw Dylan, a dwy chwaer, Megan a Gwen. 'Babi'r teulu' oedd Mam. Eluned oedd ei henw hi. Dyw Dad ddim yn siarad llawer am Mam. Wel, mae e'n briod â Brenda ers 1988, wrth gwrs. Ac roedd *ffrae* fawr *rhwng* Dad a theulu Mam, dw i'n gwybod. Ond dw i ddim yn siŵr pam.

Mae papurau teuluol gyda Dad, siŵr o fod. Mae e'n *cadw* papurau mewn bocsys yn y wardrob, dw i'n cofio. Dw i'n meddwl am geisio siarad â Dad; *holi* am *hanes* Mam ac edrych ar y papurau. O diar. Bydd hi'n anodd. Gobeithio bydd e'n deall <u>pam</u> dw i'n gobeithio cysylltu â'r teulu.

Mae'r cwrs Cymraeg yn mynd yn iawn, diolch. Dw i'n gallu gwrando ar bobl yn siarad, ac *ateb*. Ac mae clipiau fideo. Dw i'n mynd i wefan Dysgu Cymraeg BBC Cymru hefyd. Dw i'n hoffi *Colin and Cumberland*. Mae'n hwyl.

buodd Mam farw – *Mam died*	damwain – *accident*
ffrae – *a row, argument*	rhwng – *between*
cadw – *to keep*	holi – *to ask, enquire*
hanes – *history, story*	ateb – *to answer*

Sut mae'r dosbarth? Faint o bobl sy yn y dosbarth? Ydyn nhw'n bobl neis?

Dyn ni'n mynd i weld y byngalo eto ddydd Sul. Mae ffrind Tony'n dod gyda ni. Mae e'n gweithio yn y busnes adeiladu. Bydd e'n gallu dweud *a yw'r* brics-a-morter a phopeth yn iawn. *Croesi bysedd*!

Hwyl,
Ceri

a yw'r – *whether the*
croesi bysedd – *cross fingers*

Dydd Gwener 13 Chwefror

Sut mae Ceri?

Diolch am yr e-bost diddorol.

Syniad da iawn – siarad â dy dad am dy fam a'r teulu. Mae e'n hanes i ti, hefyd. Roedd hi'n ofnadwy i ti golli dy fam yn wyth oed. Mae dy dad yn deall *hynny*, siŵr iawn. *Efallai* bydd e'n hapus i helpu nawr. Pryd wyt ti'n mynd i siarad â fe? Pob lwc!

Sut mae Alex yn gwneud yn yr ysgol newydd?

Mae'r dosbarth yn dda. Mae un deg tri o bobl yn y dosbarth; wyth merch a phump dyn. Maen nhw'n bobl hyfryd. Ond mae pawb yn glyfar iawn. Dw i'n meddwl am ddechrau 'Clwb Cymraeg Twp', i bobl fel fi! Mae *rhai* pobl yn y dosbarth yn dysgu Cymraeg i'r gwaith, rhai i helpu'r plant. Mae rhai'n dod o Loegr yn wreiddiol, ond maen nhw'n dweud, 'Dw i'n byw yng Nghymru nawr a dw i'n mynd i siarad *iaith* Cymru'. *Chwarae teg*! Wedyn mae rhai fel fi; roedd Mam neu Dad (neu efallai Mam-gu neu Tad-cu) yn siarad Cymraeg, ond dim gyda'r teulu. Ond nawr dyn ni'n mynd i siarad Cymraeg hefyd.

hynny – *that*
efallai – *perhaps*
rhai – *some*
iaith – *language*
chwarae teg – *fair play*

Dw i'n gwneud *rhywbeth* cyffrous yfory – mynd i brotest!
Protest am *ffordd* yw hi. Bydd y ffordd yn mynd drwy
Wastadoedd Gwent – lle pwysig i natur. Roedd Emma'n
siarad am fynd i'r brotest, a dw i'n mynd gyda hi. Mae'n
bwrw glaw heddiw; gobeithio bydd hi'n well yfory. Mae'n
gyffrous, ond dw i'n nerfus, hefyd. Os dw i ddim yn e-bostio
yr wythnos nesa, dw i yn y *carchar*!

Hwyl,
Sara

rhywbeth – *something*
ffordd – *road*
Gwastadoedd Gwent – *the Gwent Levels*
carchar – *prison*

Pennod 6 🗨

Dydd Sul 15 Chwefror

Helo Sara,

Sut oedd y brotest? Dwyt ti ddim yn y carchar, gobeithio! Da iawn, ti ac Emma, am geisio helpu'r *amgylchedd*. Mae llawer o broblemau amgycheddol gyda ni yn Awstralia, hefyd. Dyn ni'n trio gartre – compostio, *ailgylchu*, dim bagiau plastig. Dw i'n gobeithio cael paneli *haul* yn y dyfodol.

Dw i'n mynd i Melbourne i weld Dad y penwythnos nesa. Rwyt ti'n iawn, efallai bydd e'n hapus i helpu – gobeithio!

Mae Alex yn hapus iawn yn yr ysgol newydd. Bydd e'n gallu chwarae rygbi yna. Mae e'n hoffi pêl-droed hefyd, ond mae rygbi'n *well*, mae e'n dweud. Mae *pen-blwydd* Ruby dydd Iau nesa. Mae hi'n *gofyn* am *gath* neu gi bach. Fel arfer dw i'n dweud, 'Dim anifeiliaid!'. Ond dyn ni'n mynd i gael cath fach nawr. Bydd y plant yn hapus iawn. Oes *anifeiliaid anwes* gyda chi?

Roedd ffrind Tony'n hoffi'r byngalo. Ac roedd Tony'n gallu gweld y potensial yno hefyd. Felly dyn ni'n rhoi ein tŷ ni ar y *farchnad*. Dw i'n mynd i dacluso a glanhau heddiw.

amgylchedd – *environment*	ailgylchu – *to recycle*
haul – *sun (solar)*	gwell – *better*
pen-blwydd – *birthday*	gofyn – *to ask*
cath – *cat*	anifail (anifeiliaid) anwes – *pet(s)*
marchnad – *market*	

Dyw'r plant ddim yn hapus iawn – maen nhw'n tacluso'r ystafelloedd gwely, *yn lle* mynd ma's i chwarae.

'Clwb Cymraeg Twp', wir! Rwyt ti'n siarad, wel, ysgrifennu, Cymraeg yn wych, dw i'n meddwl.

Hwyl,
Ceri

yn lle – *instead (of)*

Dydd Llun 16 Chwefror

Heia Ceri,

Diolch am yr e-bost. Nac ydw, dw i ddim yn y carchar! Roedd y brotest yn dda iawn. Roedd llawer o bobl yno. Pobl 'normal' fel fi (wel, dw i'n eitha normal, dw i'n meddwl!), dim jyst hen hipis.

Mab *Cymraes* yw Alex, wir! Chwaraewr rygbi i Awstralia, ryw ddiwrnod? Ydy Tom yn hoffi chwaraeon, hefyd? Pen-blwydd hapus i Ruby dydd Iau. Dw i'n siŵr bydd hi'n hapus iawn i gael cath fach.

Oes, mae llawer o anifeiliaid anwes gyda ni. Mae ci gyda ni (labrador o'r enw Merlin), *ceffyl* (Molly) a dwy gath (Harry a Hermione). Hefyd mae pedair *iâr* gyda ni. Mae'r ieir yn siarad Cymraeg. Wel, maen nhw'n deall pan dw i'n dweud 'Bore da, ferched, amser brecwast'!

Penwythnos nesa dw i'n mynd i Sir Benfro. Amser *wyna* yw hi. Mae'n brysur iawn ar y fferm. Dw i'n mynd bob blwyddyn i helpu. Dyw'r plant ddim yn dod gyda fi nawr, yn anffodus. (Mae Emma'n 'brysur yn *astudio'* mae hi'n dweud. Hmmm.) Gobeithio bydd pethau'n mynd yn dda gyda dy dad yn Melbourne. A phob hwyl ar werthu eich tŷ chi!

Hwyl fawr,
Sara

Cymraes – *Welsh woman*
ceffyl – *horse*
iâr (ieir) – *hen(s)*
wyna – *lambing*
astudio – *to study*

Dydd Gwener 20 Chwefror

Helo Sara,

Wow, mae ceffyl gyda chi! Ble dych chi'n cadw'r ceffyl?
Dych chi'n *marchogaeth*? Mae Tom yn gofyn am *wersi*
marchogaeth. Ond maen nhw'n costio llawer iawn yma.

Mae cath fach newydd gyda ni. 'Lucy' yw ei henw hi. Mae
hi'n *ddu* a gwyn, ac yn hyfryd. Roedd hi'n nerfus i ddechrau.
Ond mae hi'n *chwareus* iawn nawr. Mae'r plant *wrth eu
bodd* gyda hi.

Nac ydy, dyw Tom ddim yn hoffi chwaraeon. Bachgen bach
tawel yw Tom. Mae e'n hoffi peintio a darllen (mae e'n
dwlu ar Harry Potter). *Mae diddordeb mawr gyda fe mewn*
natur a bywyd gwyllt. Mae e'n hoffi ffeindio ac 'achub'
creaduriaid bach. Dw i'n hoffi bywyd gwyllt, ond dim yn y tŷ!
Dw i'n mynd i weld oes clwb natur i blant yn Sydney.

Gobeithio bydd hi'n braf i chi ar y fferm dros y penwythnos.
Helpu gyda'r wyna – hyfryd! Faint o *ddefaid* sy gyda nhw?

Hwyl fawr,
Ceri

marchogaeth – *to ride a horse*	gwers(i) – *lesson(s)*
du – *black*	chwareus – *playful*
wrth eu bodd – *delighted*	dwlu ar – *crazy about*
mae diddordeb mawr gyda fe mewn – *he's very interested in*	
achub – *to save*	dafad (defaid) – *sheep*

Dydd Llun 23 Chwefror

Helo Ceri,

Diolch am yr e-bost.

Roedd hi'n wych ar y fferm dros y penwythnos. Dw i'n mwynhau helpu, ond dw i wedi blino heddiw! Mae *cant* pum deg o ddefaid gyda nhw. Wrth lwc roedd y tywydd yn braf. Dim glaw. Mae gwartheg gyda nhw ar y fferm hefyd. *Gwartheg Duon Cymreig* hyfryd. Gwartheg bîff ydyn nhw. Ffermwyr *llaeth* oedd Mam a Dad yn wreiddiol. Ond does dim arian mewn llaeth nawr.

Ceffyl Emma yw Molly. Mae hi'n hen, erbyn hyn. Mae hi wedi ymddeol. Mae hi'n byw mewn *cae* ar y fferm *drws nesa*, felly dyw hi ddim yn costio llawer. Dw i ddim yn marchogaeth ond dw i'n hoffi ceffylau.

Roedd ffrae yma neithiwr gyda Emma. Yn lle astudio ddydd Sadwrn, roedd hi yn Llundain, yn protestio. Protest yn y *maes awyr* oedd hi. Roedd yr *heddlu* yno, yn arestio pobl! Dyw Emma ddim yn deall pam dw i'n poeni. 'Roedd hi'n iawn, Mam. Paid gwneud ffys!' O wel, bydd hi'n mynd i'r brifysgol ym mis Medi, ac yn gwneud *pob math o* bethau *dwl*, siŵr o fod. (A fi'n poeni'n ofnadwy!)

---

cant – *a hundred*
llaeth – *milk*
drws nesa – *next door*
heddlu – *police*
dwl – *silly, daft*

Gwartheg Duon Cymreig – *Welsh Black Cattle*
cae – *field*
maes awyr – *airport*
pob math o – *all kinds of*

Mae cwpl o swyddi da yn y papur lleol. Un mewn *llyfrgell*.
Swydd dda iawn i fi, dw i'n meddwl. Dw i'n hoffi llyfrau.
Ac mae un yn y *Cyngor Cefn Gwlad*. Dw i'n mynd i'w ffonio
nhw yfory.

Ta ta,
Sara

llyfrgell – *library*
Cyngor Cefn Gwlad – *Countryside Council*

Dydd Mawrth 24 Chwefror

Heia Sara,

O diar, dw i'n deall pam rwyt ti'n poeni am Emma. Ond mae hi'n iawn, *diolch byth*. Mae'n ofnadwy os dych chi ddim yn gwybod beth mae'r plant yn wneud. Weithiau mae Alex yn mynd ma's gyda ffrindiau ac yn dod adre'n *hwyr* iawn. Dw i'n poeni ac mae e'n dod adre'n berffaith iawn yn dweud, 'Heia Mam, oes rhwybeth i'w fwyta?'!

Mae newyddion gyda fi am y teulu yng Nghymru. Dw i'n gwybod nawr pam roedd ffrae rhwng Dad a theulu Mam. Dim ond un deg wyth oed oedd Mam, ac *mewn cariad* â dyn tri deg chwech oed. Dyn o Awstralia. Ac roedd Mam yn *disgwyl babi* (fi!). Peth ofnadwy i bobl y capel, mae'n siŵr.

Mae llawer o gwestiynau eraill gyda fi. A dw i ddim yn siŵr beth i wneud nesa. Dyw Dad ddim yn gwybod *cyfeiriad* y teulu nawr, ond mae copi o *dystysgrif geni* Mam gyda fi. Felly dw i'n gwybod enwau fy nhad-cu a mam-gu: James a Glenys Williams. A dw i'n gwybod ble roedd y teulu'n byw ym 1954: Stryd y Parc, Abertawe. Dw i'n meddwl am ysgrifennu *llythyr*.

diolch byth – *thank goodness*	hwyr – *late*
mewn cariad – *in love*	disgwyl babi – *expecting a baby*
cyfeiriad – *address*	tystysgrif geni – *birth certificate*
llythyr – *letter*	

Mae grŵp Cymreig yma, yn Sydney. *'Cymdeithas Cymry Sydney'*. Maen nhw'n cael *cyngerdd* a swper *Dydd Gŵyl Dewi*. Dw i'n gobeithio mynd. Beth dych chi'n wneud ar *Ddydd Gŵyl Dewi*?

Pob lwc gyda'r swyddi!

Hwyl,
Ceri

Cymdeithas Cymry – *Welsh Society*
cyngerdd – *concert*
Dydd Gŵyl Dewi – *St David's Day*

Dydd Mercher 25 Chwefror

Helo eto Ceri,

Stori drist iawn yw hi, am dy fam a'r teulu. Druan â dy fam, yn mynd i Awstralia'n 18 oed, yn disgwyl babi, a dim teulu i helpu. Ond newyddion da am y dystysgrif geni.

Wow, mae Cymdeithas Cymry yn Sydney! Bydd hi'n wych os wyt ti'n gallu mynd i'r cyngerdd Dydd Gŵyl Dewi.

Mae llawer o bethau'n *digwydd* yma i *ddathlu* Dydd Gŵyl Dewi. Yn y dosbarth yfory dyn ni'n mynd i ganu a chael pice bach ('Welsh cakes') a bara brith. Mae twmpath dawns i ddysgwyr nos Wener. Dw i ddim yn gallu dawnsio, ond dw i'n mynd! Dw i'n trio perswadio David i ddod hefyd. Dyw e ddim yn hapus iawn ar hyn o bryd. Dw i ddim yn siŵr pam. Wedyn nos Sul mae cyngerdd yn y theatr. Bydd y *côr meibion* lleol yn canu *caneuon traddodiadol*: Calon Lân, Myfanwy, Cwm Rhondda, Sosban Fach, Oes Gafr Eto? . . .

Pob lwc gyda'r llythyr at y teulu! Gobeithio bydd dy fam-gu a thad-cu'n byw *yn yr un tŷ o hyd*!

Hwyl fawr,
Sara

digwydd – *to happen*	dathlu – *to celebrate*
côr meibion – *male voice choir*	cân (caneuon) – *song(s)*
traddodiadol – *traditional*	yn yr un tŷ – *the same house*
o hyd – *still*	

Dydd Gwener 27 Chwefror

Helo Sara,

Help! Beth mae pobl yng Nghymru yn *wisgo* ar Ddydd Gŵyl Dewi? *Gwisg* Gymreig?

Dw i'n ceisio dysgu geiriau Hen Wlad Fy Nhadau cyn y cyngerdd. Maen nhw'n siŵr o ganu'r Anthem Genedlaethol. Mae hi'n wych, ond yn anodd.

Dw i'n mynd i drio gwneud pice bach i Tony a'r plant. Beth yw'r *rysáit*?

Hwyl,
Ceri

gwisgo – *to wear*
gwisg – *costume*
rysáit – *recipe*

Ddydd Sadwrn 28 Chwefor

Helo Ceri,

Ar ddydd Gŵyl Dewi mae pobl yn gwisgo *cennin Pedr* ac efallai *crys* rygbi Cymru. Mae plant bach yn gwisgo gwisg Gymreig, ond dim *oedolion*, fel arfer. Beth am wisgo *dillad* coch, gwyrdd a gwyn, fel *baner* Cymru?

Dw i'n dwlu ar Hen Wlad Fy Nhadau. Dw i'n cofio dysgu'r geiriau yn yr ysgol. (Roedd rhai o'r plant yn canu 'My hen laid a haddock', fel jôc. Ofnadwy!)

Rysáit Pice Bach
8 owns blawd plaen ('plain flour'), 4 owns menyn ('butter'), 3 owns siwgwr ('sugar'), 2 owns cyrains / syltanas, powdwr codi ('baking powder'), pinsiad o halen ('pinch of salt'), 1 wy ('egg'), llaeth.

Dych chi'n *cymysgu* popeth, wedyn rholio'n fflat (1 centimetr o drwch). Wedyn gwneud *cacennau* bach fflat. *Eu coginio* nhw mewn *padell ffrio*.

Pob lwc gyda'r canu!
Sara

cennin Pedr – *daffodils*	crys – *shirt*
oedolyn (oedolion) – *adult(s)*	dillad – *clothes*
baner – *flag*	cymysgu – *to mix*
cacen(nau) – *cake(s)*	eu coginio – *cook them*
padell ffrio – *frying pan*	

Dydd Sul 1 *Mawrth*

Dydd Gŵyl Dewi hapus, Sara!

Diolch am y rysáit. Dw i'n mynd i drio gwneud y pice bach y prynhawn 'ma.

Sut oedd y twmpath dawns? Dawnsiau Cymreig sy mewn twmpath? Dw i'n hoffi dawnsio disgo ond dw i ddim yn gwybod dim am ddawnsio Cymreig.

Dw i ddim yn siŵr nawr am ysgrifennu at deulu Mam. Bydd hi'n sioc fawr i fy mam-gu a fy nhad-cu os dw i'n ysgrifennu llythyr yn dweud, 'Helo, eich *wyres* yn Awstralia dw i!' A *beth os* ydyn nhw'n bobl *gas*? Beth os dyw'r teulu ddim yn hapus i *glywed oddi wrth* blentyn fy nhad?

Mae pobl yn dod i weld y tŷ yfory. Dw i'n tacluso eto. Dw i ddim yn hoffi ceisio gwerthu'r tŷ! *Yn sydyn* dw i'n gallu gweld pob crac a phroblem. Mae llawer o waith gyda ni i'w wneud – pethau bach, ond pwysig. Ond bydd e'*n werth chweil* os dyn ni'n gallu prynu'r byngalo.

Cariad,
Ceri

Mawrth – *March*	wyres – *granddaughter*
beth os? – *what if?*	cas – *nasty, horrible*
clywed oddi wrth – *to hear from*	yn sydyn – *suddenly*
yn werth chweil – *worthwhile*	

Dydd Llun 2 Mawrth

Sut mae Ceri?

O diar! Dw i'n gallu deall pam rwyt ti'n poeni am ysgrifennu at deulu dy fam. Mae e'n beth mawr. Ond beth os wyt ti'n *colli'r cyfle* i nabod dy deulu? A nhw'n colli'r cyfle hefyd. Dim pobl gas ydyn nhw, siŵr iawn. Ym 1972 roedd disgwyl babi *cyn* priodi'n beth '*cywilyddus*'. Ond mae'n *wahanol* nawr. Bydd dy fam-gu a thad-cu'n hapus iawn i gael llythyr, gobeithio. Beth mae Tony'n feddwl am y peth?

Roedd y twmpath yn wych, diolch. Roedd grŵp da iawn yno, yn canu'r ffidil, y ffliwt a'r *delyn* ac yn dysgu'r dawnsiau Cymreig i ni. Ond roedd David yn *methu* dod; roedd e'n gweithio'n hwyr, fel arfer. Mae e'n gweithio gormod, ac yn poeni am waith, hefyd. Sut oedd y cyngerdd a swper Dydd Gŵyl Dewi, a'r pice bach? Ydy Cymry Sydney'n siarad Cymraeg?

Dw i'n darllen llyfr da am hanes Cymru. Llyfr diddorol iawn. Dw i'n dysgu llawer o bethau newydd am Gymru. Mae'r llyfr yn Saesneg, ond dw i'n mynd i ddarllen y fersiwn Gymraeg, ryw ddiwrnod, gobeithio.

---

colli'r cyfle – *to miss the chance/opportunity*
cyn – *before*   cywilyddus – *shameful*
gwahanol – *different*   telyn – *harp*
methu – *to be unable to, to fail*

Dw i'n mwynhau dysgu Cymraeg, ond mae'n anodd iawn weithiau. Mae'r blincin treiglad trwynol ar ôl 'fy' yn ofnadwy. Ac ar ôl 'dy' mae treiglad meddal! Ond mae'r treiglad trwynol yn *waeth*, dw i'n meddwl. Beth yw pwynt treigladau? 'Peidiwch poeni!', mae Huw'n dweud eto. O ie?

Cariad,
Sara

waeth – *worse*

Dydd Mercher 4 Mawrth

Helo Sara,

Diolch am dy e-bost caredig. Rwyt ti'n iawn. Mae'n amser gwneud rhywbeth am fy nheulu yng Nghymru. Mae Tony'n *cytuno*. 'You've been talking about it for years. Just go for it!', mae e'n dweud. Felly dw i'n ysgrifennu llythyr nawr.

Roedd y cyngerdd a swper Dydd Gŵyl Dewi'n fendigedig. Mae Cymdeithas Cymry Sydney'n gwneud llawer o bethau. Mae côr, cyngherddau, a dosbarthiadau Cymraeg. Mae rhai pobl yn siarad Cymraeg, ac mae rhai'n dysgu.

Roedd y pice bach yn iawn, dw i'n meddwl. Roedd y plant yn eu hoffi nhw. Ond maen nhw'n hoffi *unrhyw* deisen!

Druan â David. Wyt ti'n gwybod am beth mae e'n poeni?

Ydy, mae'r treiglad trwynol yn anodd. Dw i'n ceisio cofio chwech gair *syml*, gyda'r treiglad, e.e. tedi – fy nhedi, parot – fy mharot. Ond os dw i'n cofio'r treiglad trwynol, wedyn dw i'n *anghofio*'r treiglad meddal!

Oes newyddion am y swyddi eto?

Hwyl,
Ceri

cytuno – *to agree*
unrhyw – *any*
syml – *simple*
anghofio – *to forget*

Dydd Iau 5 Mawrth

Helo Ceri,

Diolch am dy e-bost. Syniad da am y treiglad trwynol –
dysgu chwech gair. Y broblem i fi yw cofio'r 'h' - 'fy mhlant',
dim 'fy mlant', ac ati. Dw i'n dwp! O wel. Os dw i'n gallu
dysgu *digon* o Gymraeg i siarad â phobl 'real', dw i ddim yn
mynd i boeni am bob treiglad. Mae *Cymry Cymraeg* yn
anghofio treigladau hefyd, mae Huw yn dweud.

Dim newyddion am y swydd yn y llyfrgell, ond bydd
cyfweliad gyda'r Cyngor Cefn Gwlad yfory. Dw i'n nerfus!

Dros y penwythnos dw i'n mynd i drio perswadio David i
ymlacio a mwynhau. Brecwast yn y gwely, darllen y papurau,
wedyn cinio dydd Sul, potelaid o win coch . . . Gobeithio
bydd e'n siarad â fi am bethau. Dyw'r busnes adeiladu ddim
yn gwneud yn dda ar hyn o bryd, dw i'n gwybod. Dyna pam
mae David yn poeni am y gwaith, siŵr o fod. Dw i ddim yn
gallu helpu gyda'r gwaith, wrth gwrs. Ond mae siarad am
broblemau'n beth da, dw i'n meddwl. Dyw David *ddim yn
dda iawn am* siarad, yn anffodus.

Ta ta,
Sara

digon – *enough*
Cymry Cymraeg – *Welsh-speaking Welsh people*
cyfweliad – *interview*
ddim yn dda iawn am – *not very good at*

Dydd Gwener 6 Mawrth

Heia Sara,

Sut oedd y cyfweliad? Gobeithio bydd newyddion da.
Pob hwyl ar y penwythnos o 'ymlacio, mwynhau a siarad'
gyda David! Dw i'n rhedeg mewn ras 10km yfory. Dw i ddim
yn rhedeg i rasio, dim ond i fwynhau a chael *profiad*. Wedyn,
ddydd Sul, mae pobl yn dod i edrych ar y tŷ. Tacluso eto!

Nos Sul dyn ni'n mynd i weld *Parêd* Mardi Gras. Mae'n
wych, fel arfer – *miloedd* o bobl mewn gwisgoedd ffantastig,
bandiau, llawer o hwyl. Mae hanner miliwn o bobl yn mynd
yno, felly mae'n amhosibl i blant bach yn y stryd. Ond dyn
ni'n gallu mynd i fflat ffrindiau a gwylio'r Parêd o'r *ffenest*.
Mae ein ffrindiau'n cael parti gwisg ffansi hefyd. Y thema yw
'Dr Who'. Bydd hi'n hwyl, ond does dim gwisgoedd gyda ni
eto! Dw i'n mynd i drio gwneud gwisgoedd. Help! Sut dych
chi'n gwneud gwisg Dalek?

Mae Ruby'n ymarfer y blincin recorder eto! Mae hi wedi
dechrau dysgu'r recorder yn yr ysgol ac mae hi'n
mwynhau'n fawr iawn. Ond mae'n swnio'n ofnadwy ar hyn o
bryd. Mae'n amser stori a gwely, dw i'n meddwl.

Ta ta am y tro,
Ceri

---

profiad – *experience*
parêd – *parade*
mil(oedd) – *thousand(s)*
ffenest – *window*

Dydd Llun 9 Mawrth

Annwyl Ceri,

Diolch am dy e-bost. Sut oedd y ras? Da iawn ti, yn rhedeg 10km. Dw i ddim yn gallu rhedeg un! A sut oedd y parti gwisg ffansi? (Ydy Dr Who ar y teledu yn Awstralia?)

Dw i ddim yn hoffi cyfweliadau! Roedd cwestiynau ofnadwy fel, 'Dych chi'n gweithio'n well mewn tîm, neu *ar eich pen eich hun*?' A fi'n dweud, 'O, dw i'n hoffi gweithio mewn tîm <u>ac</u> ar fy mhen fy hun.' Ateb twp!

Roedd hi'n braf cael amser gyda David ddydd Sul, yn ymlacio. Dw i'n deall yn well nawr pam mae e'n poeni am ei waith e. Mae cleientiaid yn canslo prosiectau. Felly mae David yn gweithio'n galed iawn i geisio cael cleientiaid a phrosiectau newydd. Yr economi yw'r broblem. Wel, dw i ddim yn gallu gwneud dim am yr economi, ond dw i'n mynd i drio helpu David i anghofio am y gwaith ac ymlacio, weithiau.

Heno mae Emma a fi'n mynd i *gyfarfod* am *archfarchnad* newydd. Maen nhw'n siarad am adeiladu archfarchnad fawr ar bwys Betws Newydd. Bydd ffordd fawr newydd, hefyd, yn mynd drwy *dir* fferm a *choed*. Bydd llawer

---

ar eich pen eich hun – *on your own*
archfarchnad – *supermarket*
coed – *trees, a wood*

cyfarfod – *meeting*
tir – *land*

o draffig a bydd y siopau bach yn y pentre'n cau, siŵr o fod. Felly mae pobl leol yn protestio i'r cyngor. Dw i'n mynd yn '*eco-filwr*', fel hi, mae Emma'n dweud!

Oes newyddion am werthu eich tŷ?

Hwyl am y tro,
Sara

eco-filwr – *eco-warrior*

Dydd Mawrth 10 Mawrth

Heia Sara,

Mae'n ddrwg gyda fi am broblemau busnes David.
Gobeithio bydd popeth yn iawn. Mae Tony'n poeni am y
bwyty, hefyd, weithiau. Ond mae e'n brysur iawn ar hyn o
bryd, wrth lwc.

Roedd y ras yn dda iawn, diolch. Gwaith caled, ond
llawer o hwyl. Roedd Tony a'r plant a ffrindiau o'r gwaith
yno, yn gwylio. Nawr mae Alex yn siarad am ddechrau
rhedeg, hefyd. Fel arfer dw i'n rhedeg ar fy mhen fy hun.
Bydd hi'n hyfryd mynd gyda Alex weithiau, os bydd e'n
gallu codi yn y bore!

Roedd y parti gwisg ffansi'n wych. Dr Who a Rose oedd
Tony a fi (wrth lwc mae *gwallt* melyn gyda fi). Cybermen
oedd y plant, mewn gwisgoedd cardbord a ffoil alwminiwm.
Ydyn, dyn ni'n cael Dr Who ar y teledu yma. Mae'r plant
wrth eu bodd gyda'r rhaglen.

Roedd y bobl yn hoffi'r tŷ, ddydd Sul, dw i'n meddwl. Dyw
hi ddim yn neis iawn pan fydd pobl yn dod i edrych ar eich
tŷ, nac ydy? Maen nhw'n cerdded o gwmpas, yn edrych

---

mae'n ddrwg gyda fi – *I'm sorry*
gwallt – *hair*

ar eich pethau personol *i gyd*. Wedyn maen nhw'n dweud pethau cas am bopeth, siŵr o fod. (Dw i'n 'paranoid', mae Tony'n dweud.) Roedd un cwpwl yn edrych yn ein *cypyrddau* a'n droriau ni i gyd! Efallai bydd rhywun yn prynu'r tŷ *cyn bo hir*. Teulu neis, gobeithio. Does dim ots os ydyn nhw'n neis neu beidio, dw i'n gwybod, ond . . .

Mae fy llythyr yn y post at deulu Mam yng Nghymru. Llythyr syml, dim emosiynol. Dw i'n nerfus nawr!

Sut oedd y cyfarfod i brotestio am yr archfarchnad? Rwyt ti'n rebel!

Hwyl fawr,
Ceri

---

i gyd – *all*
cwpwrdd (cypyrddau) – *cupboard(s)*
cyn bo hir – *soon*

Dydd Iau 12 Mawrth

Helo Ceri,

Da iawn ti am ysgrifennu at y teulu yn Abertawe. Gwych!
Dw i'n croesi fy mysedd i ti.

Mae'r *gwanwyn* wedi dod, hwrê! Mae hi'n heulog heddiw.
Mae llawer o gennin Pedr hyfryd yn yr ardd, mae'r adar yn
canu, ac mae'r coed yn *troi*'n wyrdd. Yr *hydref* yw hi nawr, yn
Awstralia? Sut mae'r tywydd yno?

Dim lwc gyda'r swydd, yn anffodus. Roedd llythyr yn y
post y bore 'ma, yn dweud 'Diolch, ond dim diolch!' A does
dim newyddion am y llyfrgell. Ond mae swydd arall yn y
papur. Swydd gyda'r *milfeddyg* lleol, yn y *dderbynfa*. Gwaith
diddorol, dw i'n meddwl.

Roedd y cyfarfod yn eitha da. Mae'r cyngor yn 'gwrando ar
bobl leol', maen nhw'n dweud. Dyn ni'n aros nawr i weld
beth maen nhw'n mynd i'w wneud.

Nac ydy, dyw hi ddim yn neis iawn pan fydd pobl yn dod i
weld eich tŷ ac yn edrych yn eich droriau ar eich pethau
personol. Beth am ddweud wrth y bobl, 'Sori, ond dyw fy
nicers ddim *ar werth*!'?

gwanwyn – *spring*	troi – *turn*
hydref – *autumn*	milfeddyg – *veterinary surgeon*
derbynfa – *reception*	ar werth – *for sale*

Dydd Sadwrn dw i'n mynd i Ysgol Un-dydd Cymraeg. Dysgu
Cymraeg o ddeg o'r gloch yn y bore tan bedwar o'r gloch yn
y prynhawn. Dw i'n nerfus. Dw i'n siŵr bydd pawb arall yn
siarad Cymraeg yn dda iawn!

Ta ta am y tro,
Sara

Nos Wener 13 Mawrth

Helo Sara,

Mae'n ddrwg gyda fi am y swydd gyda'r Cyngor Cefn Gwlad.
Ond mae'r swydd gyda'r milfeddyg yn berffaith i ti, dw i'n
meddwl. Pob lwc!

Mae'r gwanwyn yng Nghymru'n swnio'n hyfryd. Ie, yr hydref
yw hi yma nawr. Ond mae'r tywydd yn braf. Sori! Mae hi'n
bwrw glaw weithiau, ond mae hi'n gynnes. Mae'n well nawr
os dych chi'n hoffi chwaraeon, fel fi. Mae hi'n rhy dwym yn yr
haf, fel arfer.

Mae gêm rygbi Yr Eidal v. Cymru yfory. Mae Tony'n meddwl
bydd Cymru'n ennill ('yn anffodus', mae e'n dweud). Wyt ti'n
mynd i wylio'r gêm?

Mae *pen-blwydd priodas* Tony a fi ddydd Sul. Dyn ni'n mynd
ma's nos Sadwrn, ond dw i ddim yn gwybod i ble. Syrpreis
yw e, mae Tony'n dweud. Dim ond fi a Tony, ar ein pennau
ein hunain. Dim plant, dim teulu Tony – gwych! Dw i'n mynd i
siopa am ddillad bore fory. Dw i ddim yn gwisgo'n smart *yn
aml*. Tracsiwt neu siorts dw i'n gwisgo fel arfer. Bydd hi'n
syrpreis i Tony, neu'n sioc!

---

pen-blwydd priodas – *wedding anniversary*
yn aml – *often*

Pob hwyl yn yr Ysgol Un-dydd. Paid poeni, mae dy Gymraeg di'n wych, dw i'n meddwl. Dw i'n gobeithio mynd i'r gwersi Cymraeg yma yn Sydney, os bydd Tony'n gallu *gofalu am* y plant. Bydd hi'n braf siarad Cymraeg â phobl, dim â chyfrifiadur!

Hwyl,
Ceri

gofalu am – *to take care of*

Dydd Sul 15 Mawrth

Helo Ceri,

Pen-blwydd priodas hapus i ti a Tony! Sut oedd y noson ma's neithiwr? Beth oedd syrpreis Tony? Mae e'n rhamantus iawn.

Mae David yn Ffrainc yr wythnos yma. Ym Mharis. Paris yn y gwanwyn – pam dw i ddim yn gallu mynd? Mae e'n gweithio drwy'r amser, mae e'n dweud. Hmm. Dyw 'siarad â chleientiaid' ddim yn waith caled iawn, dw i ddim yn meddwl! Bwyta ma's, yfed gwin a cognac . . . O wel. Dw i'n mynd i gael 'takeaway' a DVD heno i Emma a fi. Ffilm dda, cyri a popadoms, wedyn pwdin 'drwg ond neis'; sbwylio'n hunain.

Dyw fy Nghymraeg ddim yn 'wych' o gwbl, ond diolch! Roedd yr Ysgol Un-dydd yn dda iawn. Roedd hi'n braf cwrdd â phobl o ddosbarthiadau eraill. Mae pawb yn *casáu* treigladau! Roedd y tiwtor, Karen, yn hyfryd. Roedd llawer o *adolygu*, a phethau newydd hefyd, fel 'Dw i eisiau' – 'I want'. *Defnyddiol* iawn. Nos Iau yn y coleg dw i'n gallu dweud, 'Dw i eisiau coffi gwyn, os gwelwch yn dda.' Ond dyw'r bobl yn y cantîn ddim yn siarad Cymraeg. *Daro!*

---

casáu – *to hate*
adolygu – *to revise*
defnyddiol – *useful*
daro! – *dash it!*

Dw i ddim yn gwylio'r rygbi o gwbl nawr. Dw i ar streic! Mae merched yn chwarae hefyd, yn y Chwe Gwlad – ond does dim gemau merched ar y teledu. Felly dw i'n protestio. Os dyn nhw ddim yn mynd i *ddangos* merched yn chwarae, dw i ddim yn mynd i wylio'r *dynion*! Doniol iawn, mae David yn meddwl.

Ta ta am y tro,
Sara

dangos – *to show*
dynion – *men*

Dydd Iau 19 Mawrth

Sut mae, Sara?

Diolch am y *cyfarchion* pen-blwydd priodas. Roedd y noson ma's gyda Tony'n wych. Cyngerdd Duffy, y *gantores* o Gymru, oedd y syrpreis! Roedd hi'n wych. Wedyn cinio hyfryd mewn bwyty, gyda siampên a *chanhwyllau*. Ydy David yn ôl o Baris? Sut oedd dy noson 'takeaway' a ffilm gyda Emma?

Does dim llawer o chwaraeon merched ar y teledu yn Awstralia, chwaith. Dyw hi ddim yn *deg*!

Dw i ddim wedi gwneud 'eisiau' eto ar fy nghwrs i. Ond mae e yn fy llyfr Cymraeg. Mae'n od – dych chi ddim yn dweud 'dw i'n eisiau', mae'r llyfr yn dweud. Dim 'yn'. 'Dw i eisiau', fel 'dw i wedi ymddeol' a 'dw i wedi blino'. Dw i'n hoffi dysgu pethau newydd. Ond mae llawer iawn o bethau i'w dysgu, os dych chi eisiau siarad Cymraeg yn *rhugl*, un dydd. Gair newydd i fi yw 'rhugl'. Mae'n wych! Dw i'n <u>ceisio</u> dysgu deg gair newydd bob wythnos.

Mae Tony yn mynd i'r *treialon* jiwdo yn Sydney dros y penwythnos. Os bydd e'n gwneud yn dda bydd e'n mynd i Bencampwriaeth Awstralia ym *mis Mehefin*. Cyffrous iawn.

Hwyl am y tro,
Ceri

cyfarchion – *greetings*	cantores – *singer (female)*
cannwyll (canhwyllau) – *candle(s)*	teg – *fair*
rhugl – *fluent*	treialon – *trials*
mis Mehefin – *June*	

Dydd Gwener 20 Mawrth

Helo Ceri,

Wow, cyngerdd Duffy oedd y syrpreis! Gwych. Mae Evan ac Emma'n dwlu ar Duffy.

Dw i'n hoffi'r gair 'rhugl' hefyd. Mae jôc gyda ni yn y dosbarth: 'Dw i'n dysgu Cymraeg, ond dw i ddim yn rhugl eto.' (Rhugl eto – 'Rigoletto', yr opera. O diar, dyw e ddim yn ddoniol iawn, ar bapur!) Sut wyt ti'n dysgu deg gair newydd bob wythnos? Dw i ddim yn gallu cofio geiriau. Dyna pam dw i'n hoffi jôcs fel 'Rigoletto'. Mae'n fy helpu i i gofio. Dyma un arall: 'adeiladwr' –'the builder 'ad a ladder'. Ofnadwy, sori!

Dw i'n mynd i weld y milfeddyg am y swydd yr wythnos nesa. Efallai bydd swydd newydd gyda fi *erbyn y Pasg.* Dw i'n byw mewn *gobaith.*

Roedd y 'takeaway' a'r ffilm yn iawn ond dim 'noson i'r merched' oedd hi, wedi'r cwbl. Roedd cariad Emma yna hefyd, a fi fel *gwsberen!*

Mae David yn dod adre heddiw. Bydd e'n hwyr – tua hanner nos. Mae e'n mynd i ffwrdd tua phob dau fis. Roedd e'n hwyl i ddechrau, mae e'n dweud. Ond nawr

---

erbyn – *by (the time)*
y Pasg – *Easter*
gobaith – *hope*
gwsberen – *gooseberry*

mae e wedi blino ar *deithio* ac aros mewn *gwestai*. (Aaa, druan! Beth am drio fy swydd ddiflas i?) Ond bydd e'n hapus y penwythnos yma. Mae gêm rygbi yfory. Does dim tocyn gyda fe, ond bydd e'n mynd i'r dafarn i wylio'r gêm ar y sgrin fawr (ac yfed lot o *gwrw*, siŵr o fod!). Mae Evan yn dod adre o Lundain heno, a bydd e'n mynd i'r dafarn gyda David. Dyw e ddim yn hoffi gwylio gemau Cymru ar y teledu yn Lloegr, mae e'n dweud! Dydd Sul dyn ni'n mynd i Ferthyr i weld mam David. *Dydd Sul y Mamau* yw hi. Oes Dydd Sul y Mamau yn Awstralia?

Mae Eisteddfod y Dysgwyr yr wythnos nesa. Mae fy nosbarth yn canu 'Ar Hyd y Nos'. Hefyd dyn ni'n perfformio sgets 'X-Factor', yn canu yn Gymraeg. (Oes 'X-Factor' yn Awstralia?) Dw i'n mynd i ganu 'Arglwydd Dyma Fi' (fel Cerys Matthews). Bydd pobl o'r dosbarth yn chwarae rolau Simon Cowell, Louis Walsh, ac ati. Bydd hi'n ddoniol, gobeithio.

Sut mae'r rhedeg yn mynd? Pob lwc i Tony yn y jiwdo.

Hwyl fawr,
Sara

---

teithio – *to travel*
gwestai – *hotels*
cwrw – *beer*
Dydd Sul y Mamau – *Mothering Sunday*

Dydd Sul 29 Mawrth

Helo Sara,

Sori! Dim amser i e-bostio tan nawr. Dyn ni'n brysur iawn bob nos, yn peintio'r tŷ.

Mae dy jôcs di'n ofnadwy! Ond yn ffordd dda o gofio geiriau. Dw i'n ysgrifennu geiriau ar gardiau, wedyn dw i'n mynd drwy'r cardiau bob nos. Diflas!

Mae Tony'n hapus iawn. Mae e yn y tîm i fynd i Bencampwriaeth Jiwdo Awstralia ym mis Mehefin! Roedd e'n wych yn y treialon. Roedd teulu Tony i gyd yno, yn *gweiddi*, clapio a bwio. Bydd Tony'n brysur iawn yn ymarfer nawr.

Mae'r rhedeg yn mynd yn dda, diolch. Dw i'n mwynhau. Mae Alex yn dod gyda fi weithiau, ond dyw e ddim yn hoffi codi am chwech o'r gloch y bore. Dw i'n meddwl am drio'r treiathlon, hefyd. Mae fy ffrindiau yn y gwaith, Joanne a Max, yn gwneud y treiathlon. Mae'n hwyl, maen nhw'n dweud.

Oes, mae Dydd Sul y Mamau yn Awstralia, ym mis Mai. Fel arfer mae'r plant yn gwneud brecwast i fi yn y gwely. Tost oer!

gweiddi – *to shout*

Mae Eisteddfod y Dysgwyr yn swnio'n wych. Pob hwyl ar y
canu, a'r sgets. (Oes, mae 'X-Factor' yn Awstralia. Mae'n
ddiflas!) Mae eisteddfod yn Sydney bob *mis Awst*. Dawnsio,
canu, *cerddoriaeth*, ac ati. Dim eisteddfod Gymraeg yw hi.
Ond gobeithio bydd eisteddfod Gymraeg, hefyd, yn y
dyfodol.

Ta ta am y tro,
Ceri

mis Awst – *August*
cerddoriaeth – *music*

Dydd Mawrth 31 Mawrth

Helo Ceri,

Llongyfarchiadau i Tony ar y jiwdo! Ydy hi'n bosibl bydd e'n mynd i'r Gemau Olympaidd yn Llundain yn 2012? Os wyt ti'n dod gyda fe, rwyt ti'n gallu dod i Gymru!

Newyddion gwych: mae swydd newydd gyda fi! Y swydd gyda'r milfeddyg. Mae tri milfeddyg yna: Chris, Carwyn a Katy. Roedd y cyfweliad gyda Chris a Siân, y *rheolwraig*. Gŵr a gwraig yw Chris a Siân. Maen nhw'n neis iawn. Dw i'n dechrau yn y swydd ar ôl y Pasg. Dw i ddim yn gallu aros.

Oes llythyr gan y teulu yng Nghymru eto? Nac oes, siŵr. Mae'n rhy *gynnar*. Dim ond cwpwl o wythnosau.

Roedd Eisteddfod y Dysgwyr yn ardderchog. Roedd pobl dalentog iawn yna. Canu hyfryd, sgetsys doniol, jôc, ac un person yn *ennill coron* am ysgrifennu. Roedd celf a chrefft gwych, hefyd. Roedd pawb yn fy ngrŵp i'n nerfus, ond yn hapus iawn ar ôl ennill *tystysgrif* am y sgets.

Mae pen-blwydd Emma ym *mis Ebrill*. Bydd hi'n 18. Mae hi eisiau sgwter fel anrheg pen-blwydd. Sgwter 125cc.

llongyfarchiadau – *congratulations*	rheolwraig – *manager*
cynnar – *early*	ennill – *to win*
coron – *crown*	tystysgrif – *certificate*
mis Ebrill – *April*	

Mae sgwter yn 'wyrdd', mae hi'n dweud. Maen nhw'n gallu gwneud 100+ milltir y *galwyn*. Gwych, ond o diar, dw i ddim eisiau i Emma reidio sgwter! Mae gormod o draffig yma. Dw i'n trio ei themtio hi i gael anrheg arall. Cyfrifiadur 'laptop' newydd, smart. Mae hi'n bargeinio: 'Apple Mac?' 'Ie.' 'Gyda webcam?' 'Iawn.' Mae e'n mynd i gostio ffortiwn!

Dyw hi ddim eisiau parti pen-blwydd, mae Emma'n dweud. Mae hi'n mynd ma's i 'glybio' gyda ffrindiau. Mynd i'r disgo oedd y peth mawr, yn fy amser i. Peth soffistigedig iawn oedd clwb nos! Ond dw i'n *trefnu* 'parti syrpreis' gyda'r teulu. Cyffrous!

Sut mae'r teulu, a'r gath fach? Oes newyddion am y tŷ? A beth yw'r treiathlon?

Hwyl am y tro,
Sara

galwyn – *gallon*
trefnu – *to organise, arrange*

Dydd Mercher 1 Ebrill

Helo Sara,

Newyddion ffantastig am y swydd newydd.
Llongyfarchiadau!

Dyna syniad hyfryd – mynd i'r Gemau Olympaidd yn
Llundain. Dyw Tony ddim yn meddwl bydd e yn y tîm. Does
dim digon o amser gyda fe i ymarfer, gyda'r gwaith a'r teulu.
Ond mae posibilrwydd bach, siŵr o fod. Mae'n braf
breuddwydio . . .

Nac oes, does dim llythyr o Gymru eto. Mae tair wythnos
wedi mynd nawr. Dw i *ar bigau drain*! Dw i'n aros am y post
a'r e-bost bob dydd. A dw i'n nerfus iawn bob tro mae'r ffôn
yn canu. Roedd fy rhif ffôn a chyfeiriad e-bost yn fy llythyr.

Mae'r teulu'n dda iawn, diolch. Mae Alex yn cael tipyn bach
o *drafferth* gyda'r gwaith yn yr ysgol newydd. Mae e'n cael
llawer o waith cartre. Dw i'n ceisio helpu. Mathemateg, ych
a fi!

Wyt ti'n dysgu'r 'amser' yn dy ddosbarth? Dw i'n hoffi
ymarfer dweud yr amser. Ond mae 'un ar ddeg', 'deuddeg'
ac 'ar hugain' yn anodd, dw i'n meddwl. Oes jôcs ofnadwy
gyda ti i helpu?

breuddwydio – *to dream*
ar bigau drain – *on tenterhooks*
trafferth – *trouble, difficulty*

Mae Lucy (y gath) yn fach iawn, ond mae hi'n drafferth mawr! Mae hi'n gwneud pethau dwl, fel trio rhedeg lan eich coesau – ow! Ar hyn o bryd dw i'n ceisio ei dysgu hi i wneud ei 'busnes' yn yr ardd, dim yng *nghornel* y gegin. Ond mae hi'n gath fach hyfryd. Mae'r plant yn cael llawer o hwyl yn chwarae gyda hi.

Does dim newyddion am werthu'r tŷ eto. Ond mae pobl yn dod bob penwythnos.

Y treiathlon yw ras seiclo, rhedeg a nofio (yn y môr). Dw i'n mynd i'w drio fe dros wyliau'r Pasg.

Hwyl,
Ceri

---

cornel – *corner*

Dydd Gwener 3 Ebrill

Heia Ceri,

Diolch am dy longyfarchiadau. Dw i'n hoffi'r gair 'llongyfarchiadau'. A dw i'n hoffi '*popty ping*' a '*sglodion*'. Pa eiriau Cymraeg wyt ti'n hoffi?

O diar, dim llythyr o Gymru eto. Ond dyw tair wythnos ddim yn *hir* i'r post rhwng Cymru ac Awstralia, siŵr iawn. Beth am edrych ar-lein i sieco cyfeiriad y teulu? Mae'r Llyfr Ffôn ar-lein. Bydd hi'n bosibl ffeindio'r teulu, dw i'n siŵr. Dw i'n hapus i helpu, *cofia*!

Ydy, mae'r 'amser' yn anodd yn Gymraeg. Nac oes, does dim jôcs ofnadwy gyda fi i helpu, sori! Ond i gofio 'deuddeg' dw i'n dweud, 'It's in the middle of the <u>day</u>' (deuddeg – 'day'-ddeg, wyt ti'n gweld?).

Ddydd Mawrth nesa dw i'n mynd i weld hypnotherapydd am help gyda'r smocio. Mae'r hypnotherapi'n gostus, ond bydd hi'n werth talu, os bydd e'n gweithio.

'Masochist' wyt ti, wir – yn gwneud treiathlon! Bydd y tywydd yn braf yma dros y penwythnos. Felly dw i'n mynd i ymlacio yn yr ardd. Pob hwyl i ti ar y rhedeg, nofio a seiclo!

Sara

popty ping – *microwave*
sglodion – *chips*
hir – *long*
cofia! – *remember!*

Dydd Mawrth 7 Ebrill

Helo Sara,

Wel, dw i'n gwybod nawr pam does dim ateb i fy llythyr.
Does dim James a Glenys Williams yn byw yn Stryd y Parc,
Abertawe erbyn hyn. Maen nhw wedi marw, efallai.
Gobeithio ddim. Neu maen nhw'n byw yn *rhywle arall* nawr.
Y broblem yw, mae llawer iawn, iawn o bobl o'r enw Williams
yn Abertawe. Dw i ddim yn gallu ysgrifennu at bob un a
gofyn, 'Fy mam-gu / tad-cu / *ewythr* / *modryb* dych chi?' Dw i
ddim yn siŵr beth i'w wneud nesa. Ditectif preifat, efallai!

Geiriau Cymraeg dw i'n hoffi: 'pobl', '*hufen iâ*' ac 'o gwbl'.
Dw i ddim yn hoffi geiriau'n dechrau gyda 'll' (fel 'llyfrgell').
Dw i ddim yn gallu dweud 'll' yn iawn. Wyt ti?

Rwyt ti'n *ddewr*, yn mynd at hypnotherapydd! Ydy e'n
gweithio?

Mae hi'n wyliau'r Pasg nawr. Mae *Sioe Frenhinol* y Pasg
ymlaen yn Sydney ar hyn o bryd. Sioe *amaethyddol* yw hi,
ac mae rodeo a llawer o bethau i'r plant. Mae Tom a Ruby
wrth eu bodd. Beth dych chi'n wneud dros y Pasg?

Ta ta,
Ceri

rhywle arall – *somewhere else*	ewythr – *uncle*
modryb – *aunt*	hufen iâ – *ice cream*
dewr – brave	Sioe Frenhinol – *Royal Show*
amaethyddol – *agricultural*	

Dydd Mercher 8 Ebrill

Heia Ceri,

Diolch am dy e-bost.

O diar, trueni am dy deulu yn Abertawe. Ond paid *digalonni*!
Beth am *hysbysebu*? Mae hysbysebion yn y papur lleol
weithiau: 'Information sought about the family of . . . last
known to be living in . . .' Beth wyt ti'n feddwl? Yn Abertawe
mae papur o'r enw *South Wales Evening Post*. Hefyd mae
papur bro (papur lleol Cymraeg), o'r enw *Wilia*. Maen nhw ar
y We, os wyt ti'n 'gwglo' nhw.

Ydw, dw i'n gallu dweud 'll' yn iawn, dw i'n meddwl. Ond
mae rowlio 'r' yn anodd iawn. Dw i'n ymarfer ac ymarfer yn y
tŷ (yn breifat). 'Hy, hy, hy, hy, hy,' ac weithiau'n sydyn . . .
'rrrry'!

Mae hypnotherapi'n hyfryd. Roedd e'n od i ddechrau,
ond wedyn yn ymlaciol iawn. Bydd hi'n *cymryd* tair
sesiwn, mae'r hypnotherapydd yn dweud. Shanti yw ei
henw hi. Merch 'New Age' – 'joss-sticks', *crisialau*, ac ati.
Ond mae hi'n garedig iawn. Mae tâp hypnotherapi gyda fi,
hefyd. Dw i'n gwrando ar y tâp yn y gwely bob nos.
Y broblem yw, dw i'n mynd i gysgu *hanner ffordd* drwy'r tâp!

digalonni – to lose heart
hysbysebu – to advertise
cymryd – to take
crisialau – crystals
hanner ffordd – half way

Bydd hi'n brysur yma dros y Pasg. Mae Evan gartre ac mae ei gariad newydd e'n dod i aros dros y gwyliau. Gobeithio bydd hi'n neis! Mae fy chwaer, Rachel, a'i phartner, Jane yn dod yfory, hefyd. Mae David yn cael wythnos o wyliau dros y Pasg. Gobeithio bydd e'n ymlacio yn yr ardd neu'n chwarae golff ac yn anghofio am y gwaith.

Beth mae pobl yn Awstralia'n wneud amser y Pasg? Mynd i'r eglwys? Dych chi'n cael wyau siocled? Bwni'r Pasg?

Ar ôl y Pasg dw i'n gweithio am un wythnos arall yn y swyddfa ddiflas a wedyn dw i'n *gadael*. Hwrê!

Pasg hapus!
Sara

---

gadael – to leave

Dydd Mawrth 14 Ebrill

Helo Sara,

Sori! Dim amser i ysgrifennu tan nawr. Mae'r plant yn chwarae ar y cyfrifiadur drwy'r amser pan mae hi'n bwrw glaw. Mae Tom *wedi pwdu*. Roedd e yng nghanol gêm. 'Ond Mam, dw i ar lefel tri!'

Sut oedd y Pasg? Sut mae'r teulu? Wyt ti'n hoffi cariad newydd Evan? Roedd hi'n brysur yma dros y Pasg. Ydyn, dyn ni'n cael wyau siocled (gormod!). Yn lle Bwni'r Pasg dyn ni'n cael yr 'Easter Bilby'. 'Marsupial' bach yw'r bilby. Mae e'n edrych yn *debyg* i *gwningen*, ond mae e'n dod o Awstralia yn wreiddiol. Dyw *cwningod* ddim yn dod o Awstralia. Mae pobl yn prynu 'Easter Bilbies' siocled ac mae'r arian yn mynd i helpu'r bilby.

Dw i'n hoffi dy syniad o hysbysebu yn y papurau yn Abertawe i drio ffeindio'r teulu. Gobeithio bydd rhywun yn gweld yr hysbyseb.

Mae newyddion da gyda fi. Mae pobl eisiau prynu'r tŷ. Felly dyn ni'n mynd i geisio prynu'r byngalo. Ond nawr dw i ddim eisiau symud. Wel, dw i ddim yn siŵr. O diar!

Hwyl am y tro,
Ceri

wedi pwdu – *sulking*
tebyg i – *similar to, like*
cwningen (cwningod) – *rabbit(s)*

Dydd Iau 16 Ebrill

Sut mae Ceri?

Diolch am yr e-bost diddorol.

Roedd y Pasg yn hyfryd, diolch. Roedd y tywydd yn dda –
yn wyntog, ond yn heulog, hefyd. Roedd hi'n braf cael Evan
gartre. Dw i'n hoffi tŷ llawn o bobl.

Mae cariad newydd Evan yn hyfryd. Natasha yw ei henw hi.
Mae hi'n dod o'r Rhyl, yng Ngogledd Cymru. Dawnswraig yw
hi, yn gwneud cwrs yn y coleg yn Llundain. Ond dyw hi ddim
yn bwyta dim byd! Dim pasta, bara, teisen, bisgedi, dim
llaeth, *caws*, na menyn . . . Mae alergedd gyda hi. A dyw
Emma ddim yn bwyta cig, wrth gwrs. Dw i ddim yn gwybod
beth i'w goginio!

Pam dwyt ti ddim yn siŵr nawr, am symud tŷ? Beth am y
gegin fawr a'r ardd ffantastig? Ond mae *newid* yn anodd, dw
i'n gwybod. Dw i'n nerfus nawr am adael fy hen swydd
ddiflas, a dechrau'r swydd newydd. Ond dw i ddim yn gallu
newid fy *meddwl* nawr! Dw i'n mynd ma's nos yfory gyda
phobl o'r gwaith, wedyn, 'Ta ta'!

Hwyl,
Sara

caws – *cheese*
newid – *to change*
meddwl – *mind*

Dydd Sadwrn 18 Ebrill

Heia Sara,

Nodyn bach i ddweud 'pob lwc' gyda'r swydd newydd, yr wythnos nesa! Dw i'n edrych ymlaen at *glywed yr hanes*.

Dw i ddim yn siŵr pam dw i'n poeni am symud tŷ. Dw i'n ddwl. Rwyt ti'n iawn; mae unrhyw newid yn anodd. Ond dw i ddim yn hoffi symud. Roedd Dad a fi'n symud lot yn y gorffennol, o achos gwaith Dad. A dw i'n hoffi'r tŷ yma. Ein cartre bach ni yw e. Bydd y byngalo newydd yn wych. Ond mae e'n ofnadwy ar hyn o bryd. Bydd llawer iawn o lanhau, *trwsio* a pheintio i'w gwneud. Dw i ddim yn gallu cysgu wrth feddwl am bopeth!

Un peth da: bydd fy hysbyseb yn y *South Wales Evening Post* yr wythnos nesa. Ac bydd un Gymraeg yn *Wilia*. Croesi bysedd!

Dw i'n chwarae mewn gêm bêl-droed y prynhawn 'ma. 'The Dragons' (fy nhîm i) v. 'The Tigers'. Dw i'n gyffrous, ond yn nerfus nawr. Mae'r Teigrod yn dîm talentog iawn. Maen nhw'n chwarae'n galed iawn hefyd. Bydd parti heno, i'r chwaraewyr a'u teuluoedd. Dw i'n mynd gyda Tony a'r plant, os dw i ddim yn yr ysbyty ar ôl y gêm!

Hwyl,
Ceri

nodyn – *a note*
clywed yr hanes – *to hear all about it*
trwsio – *to repair*

Dydd Sul 19 Ebrill

Helo eto Ceri,

Diolch am dy e-bost.

Sut oedd y gêm bêl-droed? Wyt ti'n iawn? Rwyt ti'n *wallgof*, yn chwarae pêl-droed! Beth am chwarae gêm neis, saff, fel tenis bwrdd, neu *Scrabble*?

Da iawn ti, am ysgrifennu hysbyseb Gymraeg. Beth os wyt ti'n cael ateb yn Gymraeg?

Dwyt ti ddim yn ddwl, yn poeni am symud tŷ. Mae symud yn anodd. Dw i'n cofio crio yn y tŷ yma, ar y dechrau, a gweld eisiau'r hen dŷ'n ofnadwy. Ond dw i'n hapus iawn yma nawr. Wyt ti'n siarad â Tony am dy *deimladau*? Sut mae e a'r plant yn *teimlo* am symud tŷ?

Dw i'n mynd i wneud stabl Molly (y ceffyl) nawr. Mae'n braf *brwsio* a siarad â Molly pan dw i'n nerfus am rywbeth. Ymlaciol iawn. Wedyn dw i'n mynd i gael bath a glasied o win a mynd i'r gwely'n gynnar. Dw i'n dechrau'r swydd newydd yn y bore!

Nos da,
Sara

---

gwallgof – *mad*   teimlad(au) – *feeling(s)*
teimlo – *to feel*   brwsio – *to brush*

Dydd Gwener 24 Ebrill

Heia Sara,

Sut mae'r swydd newydd? Wyt ti'n mwynhau?

Roedd y gêm bêl-droed yn wych, diolch, ond roedd y Teigrod yn rhy dda i ni. 2–1 oedd y sgôr yn y diwedd. Ond dyn ni'n eu chwarae nhw eto ym mis Awst, a dyn ni'n mynd i ennill! Maen nhw'n ferched hyfryd, *mewn gwirionedd*. Roedd y parti'n wych, ac roedd pawb yn siarad a mwynhau. Ond ar y cae pêl-droed dyn ni'n eu casáu nhw!

Diolch am dy eiriau caredig am symud tŷ. Dw i'n teimlo'n well nawr. Dw i wedi siarad â Tony. Mae e'n meddwl bydd e'n wych, ar ôl i ni 'roi ein stamp ni' ar y byngalo. Mae'r plant yn edrych ymlaen at yr *'antur'*, ac at gael ystafelloedd gwely newydd. Es i i'r banc ddoe, i holi am gael morgais. Bydd *syrfëwr* yn mynd i edrych ar y byngalo yr wythnos nesa. Os bydd popeth yn iawn, dyn ni'n mynd i wneud cynnig wedyn.

Y penwythnos yma dyn ni'n mynd i weld Dad a Brenda ym Melbourne. Fi a'r plant (mae Tony'n gweithio). Dw i'n pacio llawer o gemau, llyfrau, comics a *losin* i'r daith. Mae'r plant

---

mewn gwirionedd – *really, in truth*
antur – *adventure*
syrfëwr – *surveyor*
losin – *sweets*

yn siŵr o *ffraeo* yn y car *ar y ffordd*. Mae Alex yn cwyno.
'Does dim byd i wneud yn nhŷ Tad-cu, Mam!' Ond mae'n
bwysig i'r plant weld eu tad-cu, dw i'n meddwl. Ac i Dad weld
y plant. Dw i'n *mynd â*'r plant i Acwariwm Melbourne hefyd, i
weld y siarcod a *bywyd môr*. Mae'n wych yno. 'Mae'n bosibl
deifio gyda'r siarcod yno,' mae Alex yn dweud. Dim diolch!

Hwyl fawr,
Ceri

ffraeo – *to argue, row*
ar y ffordd – *on the way*
mynd â – *to take*
bywyd môr – *sea life*

Dydd Sul 26 Ebrill

Helo Ceri,

Diolch am yr e-bost.

Mae'r swydd yn wych. Mae popeth yn newydd, wrth gwrs, ac mae llawer iawn i'w ddysgu. Dw i'n mynd i fwynhau'r gwaith, dw i'n siŵr, ond dw i wedi blino heddiw. Dw i'n gweithio shifftiau. Pan dw i'n gweithio shifft y bore dw i'n gwneud bore Sadwrn hefyd – fel ddoe. Mae'r filfeddygfa yn agor am hanner awr wedi wyth, a dw i'n dechrau am wyth o'r gloch. Dw i'n gorffen am hanner awr wedi dau. Mae'n braf cael amser yn y prynhawn i wneud pethau, neu i gysgu!

Dw i'n hoffi'r staff yna, pawb ond un ferch, Alison. Un o'r nyrsys yw hi. Mae hi'n siarad â fi fel *baw*! O wel, y 'ferch newydd' dw i. Bydd hi'n iawn pan fydd hi'n dod i fy nabod i, gobeithio. Mae Carwyn, un o'r milfeddygon yn siarad Cymraeg fel *mamiaith*. Dw i eisiau trio siarad Cymraeg â fe, ond dw i'n swil.

Mae'r haf yn dod! Es i i'r ganolfan arddio ddoe, i brynu blodau. Dw i'n gwneud gwely blodau newydd yn yr ardd, gyda blodau fel *lafant* a jasmin. Mae'r blodau yna'n helpu

baw – *dirt*
mamiaith – *mother tongue*
lafant – *lavender*

pobl i ymlacio, mae fy llyfr yn dweud. Dw i'n mynd i roi *sedd* ar bwys y gwely blodau. 'Os wyt ti eisiau help i ymlacio, pam dwyt ti ddim yn *plannu* canabis?' mae Emma'n dweud. Jôc – dw i'n meddwl!

Dyn ni'n mynd i gael cinio yn yr ardd heddiw. *Cyw iâr* oer ('quiche' i Emma), tatws newydd a salad, wedyn *tarten afalau* a *hufen*. Y prynhawn 'ma dw i'n gobeithio mynd am dro yn y coed gyda David. Roedd e'n gweithio ar y cyfrifiadur drwy'r dydd ddoe. Ond heddiw mae e'n dod ma's gyda fi, a dim *esgus*!

Gobeithio bydd popeth yn iawn gyda'r byngalo a'r morgais. (Os wyt ti'n poeni, beth am drio fy 'therapi' i – glasied o win a bath!)

Hwyl tan y tro nesa,
Sara

sedd – *seat*	plannu – *to plant*
cyw iâr – *chicken*	tarten afalau – *apple pie*
hufen – *cream*	esgus – *excuse*

Dydd Sadwrn 2 *Mai*

Heia Sara,

Rwyt ti'n swnio'n hapus yn dy swydd newydd – gwych!
Piti am Alison. Ydy hi'n well nawr? Beth wyt ti'n wneud yn y
swydd, o ddydd i ddydd? Wyt ti wedi trio siarad Cymraeg yn
y gwaith eto?

Roedd gêm bêl-droed arall heddiw. Gêm galed iawn, ond
un wych. Hanner amser roedd y sgôr yn 3–1 i'r tîm arall.
Ond erbyn y diwedd roedd hi'n 4–3 i ni! Felly dw i'n hapus.
Ond roedd hi'n sioc gweld fy *nghoesau* yn y bath. Maen
nhw'n edrych yn ofnadwy, gyda llawer o *gleisiau* du. Ydw,
dw i'n gwybod, dw i'n 'masochist'!

Mae'r byngalo'n iawn, mae'r syrfëwr yn dweud. Mae
gwaith i'w wneud, ond does dim problemau mawr. Felly dyn
ni'n mynd i wneud cynnig. Dyn ni'n nerfus. Gobeithio bydd y
dyn yn dweud 'Ie'!

Mae Tony mewn *gwersyll* jiwdo'r penwythnos yma. Ac mae
Alex yn cael ffrindiau i aros dros nos heno. Maen nhw'n
mynd i nofio, wedyn cael pizzas a DVDs a '*gwersylla*' yn yr
ystafell fyw. Pum bachgen mawr yn rhedeg yn wyllt yn y tŷ!
Ond os dyn nhw ddim yn bihafio dw i'n gallu chwarae'r

Mai – *May*
coes(au) – *leg(s)*
cleisiau – *bruises*
gwersyll – *a camp*
gwersylla – *to camp*

'athrawes chwaraeon gas'. Mae'n gweithio gyda'r plant yn yr ysgol!

Dw i'n mynd i'r dosbarth Cymraeg yma wythnos nesa. Mae Tony'n newid ei shifftiau fel bydd e'n gallu aros gartre gyda'r plant. Gobeithio bydd y tiwtor yn garedig.

Ydy'r hypnotherapi wedi gweithio? Wyt ti wedi stopio ysmygu?

Hwyl,
Ceri

Dydd Mercher 6 Mai

Sut mae Ceri?

Diolch am dy e-bost.

Ydw, dw i'n hapus yn y swydd newydd. Dw i'n gwybod beth
yw beth yno nawr. Beth dw i'n wneud? Wel, dw i'n gweithio
yn y dderbynfa, felly dw i'n *croesawu* pobl, ateb y ffôn,
gwneud *apwyntiadau* a *delio â* biliau ac arian. A glanhau
os bydd ci'n gwneud pi-pi yn yr ystafell aros! Mae'n hyfryd
gweld yr anifeiliaid: cathod, *cŵn*, cwningod, *moch cwta*,
byjis, ac weithiau rhywbeth ecsotig fel igwana, parot neu
neidr. Dw i'n mwynhau siarad â'r bobl, hefyd. Mae'n wych.
Dw i'n cael arian am fwynhau fy hun!

Nac ydy, dyw Alison ddim yn well, yn anffodus. Mae hi'n
ddiflas! Ond dyw hi ddim yn y dderbynfa llawer. Mae hi'n
gweithio gyda'r milfeddygon. Ac mae'r staff eraill yn iawn.
Es i i'r dafarn gyda nhw nos Wener. Dw i wedi siarad tipyn
bach o Gymraeg â Carwyn. Roedd e'n *synnu*, ond yn
hapus iawn i siarad Cymraeg â fi. Ond mae e'n siarad yn
gyflym! Mae *acen* hyfryd ond *cryf* gyda fe, hefyd. Dw i'n
dweud 'Sori, beth?' drwy'r amser. Dw i'n teimlo'n dwp.
Ond mae'n grêt cael siarad Cymraeg yn y '*byd go-iawn*'.

croesawu – *to welcome*	apwyntiad(au) – *appointment(s)*
delio â – *to deal with*	cŵn – *dogs*
mochyn (moch) cwta – *guinea pig(s)*	synnu – *to be surprised*
acen – *accent*	cryf – *strong*
byd – *world*	go-iawn – *real*

Aaa, paid sôn am y smocio! (Neu 'ysmygu', fel rwyt ti'n dweud – gair posh!) Nac ydw, dw i ddim wedi stopio. Wel, ydw, ond dw i wedi dechrau eto. '*Straen*' dechrau swydd newydd yw'r esgus. Dw i ddim yn ysmygu yn y gwaith, wrth gwrs. A dw i ddim yn ysmygu yn y tŷ nawr. Ond dw i'n cael cwpwl ar y slei yn yr ardd bob bore, a gyda'r nos. Dw i'n *anobeithiol*, dw i'n gwybod! Dw i'n mynd i fynd at y meddyg i gael 'patches'.

Newyddion gwych am y dosbarth Cymraeg. Pob lwc!

Hwyl,
Sara

straen – *stress, strain*
anobeithiol – *hopeless*

Dydd Sul 10 Mai

Heia Sara,

Newyddion gwych – dyn ni'n prynu'r byngalo! *Am bris da*, hefyd. Mae'r dyn wedi dweud 'Ie' i'r cynnig. Dyn ni'n mynd i weld y tŷ eto'r prynhawn 'ma. Dw i eisiau newid popeth yn y tŷ; dw i ddim yn gallu byw gyda'r hen stwff ych a fi yna. Dw i ddim yn gwybod sut dyn ni'n mynd i dalu am bopeth. Ond does dim ots! Dw i ar 'high' heddiw.

Roedd y dosbarth Cymraeg yn wych. Mae'n braf clywed a siarad Cymraeg, ond dw i'n swil. Dw i ddim yn siŵr am y busnes 'chi' a 'ti', chwaith. Yn y dosbarth maen nhw'n darllen nofel Gymraeg i ddysgwyr, am ferch o'r enw Blodwen Jones. Mae un person yn y dosbarth yn darllen ac mae pawb yn gwrando ac yn trio deall. Mae'r nofel yn dda iawn. Tipyn bach yn anodd i fi, ond yn ddoniol. Sut mae dy gwrs di'n mynd?

O diar, rwyt ti'n ysmygu eto. Ond paid stopio ceisio stopio! Mae syniad gyda fi. Beth am roi'r arian rwyt ti'n *arbed* (os dwyt ti ddim yn ysmygu) mewn jar? Wedyn rwyt ti'n gallu gweld yr arian yn tyfu. Ac rwyt ti'n gallu edrych ymlaen at brynu rhywbeth neis gyda'r arian. Neu at fynd ar wyliau. Beth am Awstralia?!

Cariad,
Ceri

---

am bris da – *for a good price*
arbed – *to save (e.g. money)*

Dydd Mawrth 12 Mai

Helo eto Ceri,

Llongyfarchiadau ar brynu'r byngalo! Rwyt ti'n swnio'n
hapus nawr am symud tŷ. Bydd hi'n hwyl i chi wneud cartre
newydd, hyfryd i'ch teulu. Pryd dych chi'n mynd i symud?

Mae'r cwrs Cymraeg yn mynd yn iawn, diolch. Ond mae e'n
gorffen mewn *pythefnos*. Dw i ddim eisiau stopio. Dw i'n siŵr
o anghofio popeth dros y gwyliau. Ond dw i'n gobeithio
mynd i'r Penwythnos Cymraeg nesa. Hefyd mae'r dosbarth
yn mynd i ganu yn yr Eisteddfod Genedlaethol ym *mis Awst*
(ym *Mhabell y Dysgwyr*).

Mae'r dosbarth Cymraeg yn Sydney'n swnio'n dda iawn.
Paid poeni am y busnes 'ti' a 'chi'. Dw i'n *defnyddio* 'chi' gyda
phawb, i ddechrau. Dw i'n aros i'r person arall ddweud 'ti'.
Wedyn dw i'n defnyddio 'ti', hefyd. Dim problem!

Es i at y meddyg ddoe i siarad am yr ysmygu. Mae hi'n
mynd i roi 'patches' i fi os dw i'n mynd i'r grŵp stopio-
ysmygu yn y *feddygfa*. Iawn, dw i'n barod i drio unrhyw
beth! Dw i'n hoffi dy syniad o roi arian mewn jar. Mae
pob sigarét yn costio tua 20c (c = ceiniog, 'penny' yng

---

pythefnos – *two weeks*
mis Awst – *August*
Pabell y Dysgwyr – *The Learners' Tent*
defnyddio – *to use*
meddygfa – *surgery*

Nghymru, dim *cent*). Felly os dw i ddim yn ysmygu deg sigarét, dw i'n arbed dwy bunt. £2 y dydd, £14 yr wythnos; tua £56 y mis; £730 mewn blwyddyn! Beth yw pris tocyn i Awstralia, tybed?

Mae'r plant yn iawn, diolch. Mae Evan yn dod adre o'r coleg yr wythnos nesa. Ond dyw e ddim yn siŵr beth mae e'n mynd i'w wneud dros yr haf. Ffeindio gwaith i ennill arian, gobeithio. Mae Emma'n dechrau ei Lefelau 'A' mewn tair wythnos, ond dyw hi ddim yn gwneud llawer o waith adolygu. 'Dw i ddim yn mynd i 'stresso' am yr *arholiadau*, Mam!', mae hi'n dweud. Iawn, ond dw i'n dechrau 'stresso' nawr, am ei harholiadau hi! Dw i'n poeni eto am David, hefyd. Dyw e ddim yn hapus o gwbl. Ond dyw e ddim eisiau siarad am bethau. Dynion! Dw i ddim yn gwybod sut i helpu.

Sut mae'r rhedeg yn mynd? Neu wyt ti'n rhy brysur gyda'r tŷ a phopeth nawr?

Hwyl fawr,
Sara

arholiad(au) – *exam(s)*

Dydd Mercher 20 Mai

Helo Sara,

Diolch am dy e-bost hyfryd.

Mae'n ddrwg gyda fi am David. Ydy e'n poeni am y gwaith, eto? Sut mae dy waith di? Wyt ti'n dal i fwynhau?

Ydw, dw i'n hapus am y tŷ nawr. Dyn ni'n gobeithio symud mewn tua dau fis. Mae gwyliau ysgol yng *nghanol mis Gorffennaf*, a bydd Tony'n cael gwyliau o'r bwyty. Nawr dyn ni'n sortio a phacio yn y tŷ yma.

Mae'n brysur yn y gwaith yr wythnos yma. Dyn ni'n paratoi am 'National Sorry Day', wythnos nesa. Dyn ni'n dweud 'sori' wrth y bobl 'Aboriginal' am y 'Stolen Generations' o blant. Mae llawer o ysgolion yn gwneud rhywbeth. Yn ein hysgol ni dyn ni'n gwneud 'trac cerdded' ar y cae chwarae, gyda *thraed* plastig coch, du, melyn, glas, gwyrdd a gwyn. Bydd y plant yn gwisgo mewn coch, du a melyn ac yn cerdded *ar hyd* y trac, yn cario canhwyllau. Mae pobl 'Aboriginal' yn dod i siarad â'r plant, hefyd. Wedyn bydd y plant yn peintio, gwneud dramâu ac ysgrifennu am 'deuluoedd'. Mae'n hwyl i'r plant, ond mae'n bwysig iawn, hefyd, dw i'n meddwl. Gobeithio bydd e'n mynd yn dda.

canol – *centre*
mis Gorffennaf – *July*
troed (traed) – *foot (feet)*
ar hyd – *along*

Dw i ddim yn rhedeg ar hyn o bryd. Dim amser, gormod i'w wneud. ('Dim *esgus*!', mae Tony yn dweud.) Ond dw i'n mynd i ddechrau eto. Fel arfer mae Tony'n codi'r plant ac yn gwneud brecwast, felly dw i'n gallu rhedeg yn y bore, cyn mynd i'r gwaith. Does dim llawer o amser nawr, cyn yr hanner-marathon. Ond dw i'n mynd i ymarfer bob dydd, a dim esgusodion!

Mae'n bedair wythnos nawr ers yr hysbyseb yn y *South Wales Evening Post*. Dim ateb eto.

Pob lwc i Emma yn yr arholiadau! Pa Lefelau 'A' mae hi'n gwneud? Beth mae hi'n mynd i'w wneud wedyn?

Dw i'n edrych ymlaen at glywed am y grŵp stopio-ysmygu.

Hwyl fawr,
Ceri

---

esgus(odion) – *excuse(s)*

Dydd Sul 24 Mai

Sut mae Ceri?

Diolch am dy e-bost. O diar, dim ateb eto i dy hysbyseb yn y *South Wales Evening Post*. Ond papur misol yw *Wilia*. Dyw hi ddim yn rhy hwyr i ti gael ateb, siŵr iawn.

Pob lwc gyda'r 'National Sorry Day' yn yr ysgol. Mae diddordeb gyda fy Yncl Alun yn hanes Awstralia, felly dw i'n gwybod tipyn bach am hanes y bobl 'Aboriginal'. Da iawn, chi, am wneud rhywbeth i gofio. Ydy eich plant yn dysgu iaith 'Aboriginal' yn yr ysgol?

Ydw, dw i'n mwynhau'r gwaith, diolch. Mae'n ddiddorol. Dw i wedi dechrau ateb y ffôn yn Gymraeg; wel, yn Gymraeg a Saesneg: 'Bore da, Milfeddygfa Pantglas Veterinary Surgery'. Mae e'n *llond ceg*! Bydd hi'n sioc os bydd rhywun yn siarad Cymraeg â fi! Dw i'n deall Carwyn yn well nawr. Milfeddyg fferm yw Carwyn. Mae e'n dysgu llawer o eiriau newydd i fi. Dw i'n gallu siarad am bethau od iawn yn Gymraeg nawr, fel Clefyd y Tafod Glas 'Blue-Tongue Disease'!

Es i i Sain Ffagan gyda'r dosbarth ddoe. Amgueddfa Werin Cymru (Welsh Folk Museum) yw Sain Ffagan.

llond ceg – *a mouthful*

Ces i amser bendigedig. Mae hen adeiladau yna: capel, ysgol, siopau, tai, castell. Mae'n ddiddorol iawn. Dw i'n cofio llawer o'r 'hen' bethau yna o amser fy *mhlentyndod* i. Pethau fel dillad, bwyd, teganau a *dodrefn*. Dw i'n teimlo'n hen nawr!

Wedyn es i gyda phawb i'r Mochyn Du yng Nghaerdydd. Tafarn Gymreig yw'r Mochyn Du. Ces i bryd o fwyd hyfryd – cig oen. Des i adre'n hwyr (wel, hwyr i fi – hanner awr wedi naw). Roedd David *yn grac* am 'aros am ei swper'. Mae e'n ddyn clyfar iawn, ond dyw e ddim yn gwybod sut mae'r popty ping yn gweithio! Dyn ni ddim yn siarad y bore 'ma.

Mae Emma'n gwneud Lefel 'A' Bioleg, Cemeg, Cymraeg a Mathemateg. Mae hi'n gobeithio mynd i Brifysgol Bangor i wneud cwrs am yr amgylchedd a *chadwraeth*.

Pob hwyl ar y rhedeg! Pryd mae'r hanner-marathon?

Cariad,
Sara

---

plentyndod – *childhood*
dodrefn – *furniture*
yn grac – *annoyed, cross*
cadwraeth – *conservation*

Dydd Iau 28 Mai

Helo Sara,

Sut wyt ti? Wyt ti a David yn siarad eto? Dw i'n casáu ffraeo gyda Tony. Mae'n ddiflas iawn pan dych chi ddim yn siarad (a ddim yn cael *cwtsh* yn y gwely!).

Mae'r plant yn dysgu tipyn bach o iaith 'Aboriginal' yn yr ysgol. Maen nhw'n dysgu tipyn bach am hanes a *diwylliant* pobl 'Aboriginal', hefyd. Peth eitha newydd yw hynny. Mae'n bwysig iawn, dw i'n meddwl.

Mae'r hanner-marathon ar 20 Medi. Mae'r rhedeg yn mynd yn eitha da, a dw i'n mwynhau. Ond mae hi'n oer yn y bore nawr. Dw i'n mynd ma's tua hanner awr wedi chwech – ofnadwy! Mae hanner marathon yn 13 milltir. Dw i'n gallu rhedeg tua chwech neu saith milltir ar hyn o bryd. Felly mae llawer o waith gyda fi i'w wneud dros y pedwar mis nesa.

Ces i anrheg ffantastig ddoe – *geiriadur* Cymraeg mawr, gwych. *Cafodd* Tony fe ar-lein, ar fy mhen-blwydd. Mae popeth yn y geiriadur: pob gair posibl, gramadeg, treigladau . . . Anrheg hyfryd, dw i'n meddwl. Ces i

---

cwtsh – *cuddle*
diwylliant – *culture*
geiriadur – *dictionary*
cafodd – *had*

stopwatsh gan fy ffrindiau yn yr ysgol, i helpu gyda'r
rhedeg. Ces i arian gan Dad. (Gwych – dw i'n gallu mynd
ma's ddydd Sadwrn i brynu rhywbeth i'r tŷ newydd.)
Roedd Tony'n gweithio neithiwr, ond ces i barti te
pen-blwydd gyda'r plant; byrgers, hufen iâ, teisen, pop,
a gemau dwl. Roedd e'n hwyl. Syniad Alex oedd e. Mae
e'n fachgen hyfryd, weithiau!

Hwyl am y tro,
Ceri

Dydd Sadwrn 30 Mai

Helo Ceri,

Pen-blwydd hapus – ddoe! Dw i'n disgwyl e-byst ffantastig nawr, gyda geiriau posh o'r geiriadur.

Ydyn, mae David a fi'n siarad eto. Ces i goffi a 'croissants' yn y gwely'r bore 'ma! Dyn ni'n mynd i'r cwrs golff yfory. Dw i'n mynd i ddysgu chwarae, wel, trio! Y syniad yw, os dw i'n chwarae, bydd David yn mynd hefyd. Mae e'n mwynhau golff, ond dyw e ddim wedi chwarae *ers misoedd*.

Es i i'r grŵp stopio-ysmygu nos Fercher. Roedd pawb yn trafod pam maen nhw eisiau stopio ysmygu. (Dw i'n gwybod pam. <u>Sut</u> yw'r broblem!) Roedd rhai pobl yn *sôn am* golli teulu drwy ganser. Mae dwy fenyw o'r grŵp yn gwneud *taith gerdded* 10 milltir, i *godi arian*. Dw i'n meddwl am fynd, hefyd. Dw i'n mynd i fod yn ffit iawn (neu wedi blino'n lân!), gyda'r golff a'r cerdded.

Dyn ni'n mynd i Eisteddfod yr Urdd heno, yng Nghaerdydd. (*Mudiad* i blant a phobl ifainc yw'r Urdd.) Mae côr Emma'n canu. Dyw hi ddim yn poeni, ond dw i'n nerfus iawn!

Hwyl fawr,
Sara

ers misoedd – *for months*
sôn am – *to talk about*
taith gerdded – *a walk*
codi arian – *to raise money*
mudiad – *organisation, movement*

Dydd Iau 4 *Mehefin*

Sut mae Sara?

Sut oedd Eisteddfod yr Urdd?

Mae newyddion mawr iawn gyda fi. Ces i e-bost o Gymru
ddoe. Gan chwaer Mam, Megan. Fy Anti Megan! Mae hi'n
wych cael ateb i'r hysbyseb. Ond mae hi'n sioc, hefyd.
Un peth yw ysgrifennu hysbyseb ac *anfon* y peth i
'cyberspace'. Peth arall yw cael ateb – ac yn Gymraeg!

Mae Megan yn gofyn sut dw i'n nabod ei chwaer hi
(*h.y.* fy mam). Ac mae hi'n gofyn ble mae hi. Dyw hi ddim yn
gwybod bod Mam wedi marw! Dyw hi ddim yn gwybod pwy
dw i, chwaith. Dw i ddim yn deall. Dw i'n panico nawr. Sut dw
i'n mynd i ddweud wrth fy Anti Megan am *farwolaeth* Mam?
Bydd hi'n sioc fawr. A dw i ddim yn gallu ysgrifennu'n
'sensitif' iawn yn Gymraeg, dw i ddim yn meddwl.

Mae Tony yn y bencampwriaeth jiwdo yn Canberra'r
penwythnos yma. Mae e'n mynd i Canberra gyda'r tîm heno.
Dw i'n mynd gyda'r plant ddydd Sadwrn. Mae'n gyffrous
iawn. Gobeithio bydd e'n gwneud yn dda!

Pob hwyl ar y cerdded. Da iawn, ti.

Hwyl,
Ceri

Mehefin – *June*
h.y. (hynny yw) – *i.e. (that is)*
marwolaeth – *death*

anfon – *to send*
gwybod bod – *to know that*

Dydd Gwener 5 Mehefin

Helo Ceri,

Newyddion mawr, wir! Newyddion da iawn, hefyd. Rwyt ti
wedi ffeindio dy deulu yng Nghymru. Dw i'n deall pam rwyt
ti'n poeni. Ond paid panico! Bydd hi'n anodd i'r teulu glywed
am dy fam, wrth gwrs. Ond mae'n bwysig. Mae newyddion
da gyda ti, hefyd: roedd merch gyda dy fam – ti! Ac mae
wyrion hefyd – Alex, Tom a Ruby.

Bydd hi'n anodd dweud popeth yn Gymraeg. Beth am
esbonio, 'Mae'n ddrwg gyda fi. Dw i'n dysgu Cymraeg.'
Wedyn dweud y pethau anodd yn Saesneg? Pob lwc!
O diar, dw i ddim wedi helpu llawer, dw i ddim yn meddwl.
Beth mae Tony'n ddweud?

Roedd Eisteddfod yr Urdd yn wych, diolch. Llawer o ganu a
cherddoriaeth hyfryd. (Côr Emma oedd y gorau, wrth gwrs!)
Roedd hi'n braf clywed y plant i gyd yn siarad Cymraeg.

Ddydd Sul dyn ni'n mynd i gael Picnic Tedi Bêrs yn y coed
ble maen nhw eisiau adeiladu'r ffordd i'r archfarchnad.
'Picnic protest' yw e. Gobeithio bydd llawer o bobl yn dod.

---

wyrion – *grandchildren*

Yfory dw i'n mynd i wneud teisennau. Dw i'n ysgrifennu cliwiau i'r *helfa drysor*, hefyd. Syniad Emma yw'r 'picnic protest'. Ond mae ei harholiadau'n dechrau wythnos nesa. Bydd hi'n astudio drwy'r dydd yfory, mae hi'n dweud, os dw i'n gwneud y teisennau a phopeth. Esgus da iawn!

Pob lwc i Tony yn y jiwdo.

Cariad,
Sara

helfa drysor – *treasure hunt*

Dydd Mawrth 9 Mehefin

Helo eto Sara,

Diolch yn fawr am dy e-bost. Rwyt ti'n help mawr, wir!
Dw i'n mynd i anfon e-bost *fel hyn* at fy Anti Megan:

'Diolch yn fawr am eich e-bost. Ceri dw i, merch Eluned
Williams. Roedd Eluned yn wreiddiol o Stryd y Parc,
Abertawe. Aeth hi i Awstralia ym 1972. Mae'n ddrwg iawn
gyda fi, ond mae newyddion drwg am eich chwaer. Buodd hi
farw mewn damwain ym 1981. Roedd un plentyn gyda hi –
fi. Mae tri o blant gyda fi; un ferch a dau fab. Roedd Mam yn
siarad â fi am ei theulu ac am ei phlentyndod hapus yng
Nghymru. Dw i eisiau gwybod mwy am hanes Mam. A dod i
nabod ei theulu hi, os yw'n bosibl.Dyna pam dw i'n ceisio
dysgu Cymraeg'.

Beth wyt ti'n feddwl, Sara? Ydy e'n iawn? Ydy'r Gymraeg yn
iawn, wyt ti'n credu?

Gwnaeth Tony'n eitha da yn y bencampwriaeth jiwdo, dw i'n
meddwl – ennill yn Rownd 1 ond colli yn Rownd 2. Ond mae
e'n *ddigalon*. Roedd e'n gobeithio gwneud yn well. Ond mae
cyrraedd Pencampwriaeth Awstralia o gwbl yn wych!
Gobeithio bydd e'n dal ati.

Pob hwyl gyda'r picnic tedi bêrs!
Ceri

fel hyn – *like this*
digalon – *downhearted*
cyrraedd – *reach, arrive*

Dydd Mercher 10 Mehefin

Helo Ceri,

Mae dy e-bost at dy Anti Megan yn *berffaith*, dw i'n meddwl. Caredig iawn. Paid poeni am y Gymraeg. Mae'n dda iawn, dw i'n credu. Beth am anfon *llun* o dy fam, hefyd? Bydd dy Anti Megan yn siŵr pwy yw hi, wedyn. Pob lwc.

Trueni am Tony, yn teimlo'n ddigalon am ei berfformiad yn y jiwdo. Dyna'r broblem gyda blincin chwaraeon, dw i'n meddwl – mae un person (neu un tîm) yn ennill ac mae pawb arall yn colli ac yn teimlo'n ddiflas! Gobeithio bydd e'n cario ymlaen a mwynhau eto.

Cariad,
Sara

perffaith – *perfect*
llun – *picture, photo*

Dydd Iau 11 Mehefin

Diolch Sara!

Mae'r e-bost wedi mynd at Anti Megan. Gyda llun o Mam, ac un o fy mam a fi. Aros am ateb, nawr . . .

Mae Tony'n dechrau teimlo'n well am y jiwdo nawr. Bydd e'n gwneud yn well y flwyddyn nesa, mae e'n dweud. Yn y tŷ newydd bydd lle i Tony gael 'gym' bach. Dyn ni'n mynd i brynu beic ymarfer, *peiriant rhwyfo, ayb*. Bydd e'n gallu gwneud gwaith *ffitrwydd* gartre, wedyn. Mae ffitrwydd yn bwysig iawn, mewn jiwdo. *Dw i'n dal i* freuddwydio am fynd i Lundain gyda fe yn 2012!

Beth am dy newyddion di? Sut *aeth* y picnic tedi bêrs? Sut mae'r golff?

Hwyl,
Ceri

---

peiriant rhwyfo – *rowing machine*
ayb – *etc*
ffitrwydd – *fitness*
dw i'n dal i – *I'm still*
aeth – *went*

Dydd Gwener 12 Mehefin

Sut mae Ceri?

Felly mae dy e-bost wedi mynd i Gymru – gwych. Sut wyt ti'n teimlo nawr? Gobeithio bydd ateb gan dy Anti Megan cyn bo hir.

Roedd Evan gartre am wythnos ond nawr mae e yn Llandudno gyda Natasha. Maen nhw'n mynd i weithio mewn gwesty dros yr haf. Bydd Emma'n gadael yr ysgol ar ôl yr arholiadau. A 'gadael y *nyth'* wedyn! Bydd hi'n od iawn yma heb y plant. Mae'n bwysig mwynhau eich plant bach, Ceri. Maen nhw'n *tyfu'n gyflym.* Wedyn dych chi'n meddwl, 'Ble mae'r amser wedi mynd?' O diar, mae David yn iawn am fy 'mid-life crisis', dw i'n meddwl.

Roedd y picnic tedi bêrs yn llawer o hwyl. Ac roedd *darn* am y picnic a'r brotest yn y papur newydd. Mae Emma a'i ffrindiau'n siarad nawr am gael 'gwersyll protest' yn y coed dros yr haf. (Mae Greenham Common yn dod i Fetws Newydd!) Wel dw i ddim yn mynd i gysgu yn y coed, diolch yn fawr!

Pam mae pobl yn chwarae golff? Mae'n dda mynd am dro ar y cwrs golff mewn tywydd braf. Ond pam mae pobl

---

nyth – *nest*   tyfu – *to grow up*
cyflym (yn gyflym) – *quick(ly)*   darn – *piece*

eisiau *taro* pêl o gwmpas y lle? Mae'n *amhosibl*! Mae'r blincin peth yn rhy fach. Dyw cael gwersi golff *gan* eich gŵr ddim yn syniad da iawn, chwaith. Dim os dych chi eisiau aros yn briod! Dw i'n mynd i wylio, *tro nesa*, dim trio chwarae. (A chael 'gin' a tonic bach yn y bar wedyn!)

Mae newyddion da gyda fi, hefyd. Dw i'n cerdded bob dydd nawr, yn paratoi am y daith gerdded 10 milltir. A dw i ddim wedi cael sigarét ers pythefnos. Mae £28 yn y jar. Ond dw i'n *gwario* ffortiwn ar losin a bisgedi!

Mae'r cwrs Cymraeg wedi gorffen am yr haf, ond dw i'n *cwrdd â* grŵp o bobl o'r dosbarth bob wythnos. Dyn ni'n trio sgwrsio yn Gymraeg ac yn ymarfer *ar gyfer* yr Eisteddfod. Dw i'n gobeithio mynd ar gwrs yn y Brifysgol yn Llanbedr Pont Steffan ym mis Gorffennaf.

Sut mae'r rhedeg yn mynd?

Cariad,
Sara

---

taro – *to hit*
gan – *by/from*
gwario – *to spend (money)*
ar gyfer – *for*

amhosibl – *impossible*
tro nesa – *next time*
cwrdd â – *to meet*

Dydd Sul 14 Mehefin

Helo Sara,

Llongyfarchiadau ar stopio ysmygu. Dal ati!

Dw i ddim yn siŵr sut dw i'n teimlo nawr am fy Anti Megan a phopeth. Nerfus, yn sicr! Mae'n mynd rownd a rownd yn fy meddwl yn y nos. Dw i'n grac gyda Dad, am beidio dweud wrth y teulu am farwolaeth Mam. Dw i ddim yn deall. A dw i ddim yn deall pam dyw Anti Megan ddim yn gwybod pwy dw i! Dw i'n aros am ateb gan Anti Megan. Wedyn dw i'n mynd i weld Dad i ofyn cwestiynau.

Dw i'n mwynhau'r rhedeg. Mae'n mynd yn dda. Ac mae'n ffordd dda o anghofio eich problemau. Ddoe es i i redeg ar lan y môr. Mae rhedeg ar y traeth yn anodd, ond yn ymarfer da. Daeth Tony a'r plant hefyd a chawson ni bicnic a chwarae gyda ffrisbis. Rwyt ti'n iawn am fwynhau'r plant. Maen nhw'n waith caled weithiau, ond maen nhw'n hyfryd. Dw i eisiau eu cadw nhw'n blant bach. Ond maen nhw'n methu aros i dyfu!

Dyn ni'n edrych ymlaen at symud i'r byngalo fis nesa. (Dw i ddim yn edrych ymlaen at y glanhau!) Dyn ni eisiau cael cegin newydd yn y byngalo, ond maen nhw'n *ddrud*. Dyn ni'n mynd *o gwmpas* y siopau, yn ceisio cael bargen.

Geiriau newydd dw i'n hoffi: 'o gwmpas', '*sboncen*', '*enwog*'. A ti?

Gobeithio bydd hi'n bosibl i ti fynd ar y cwrs yn Llanbedr Pont Steffan. Dw i eisiau mynd hefyd!

Sut mae'r gwaith? A sut mae'r Alison ddiflas?

Cariad,
Ceri

drud – *expensive*
o gwmpas – *around*
sboncen – *squash (the game)*
enwog – *famous*

Dydd Gwener 19 Mehefin

Sut mae Ceri?

Diolch am dy e-bost.

Oes ateb gan dy Anti Megan eto? Dw i'n gallu deall pam rwyt ti'n teimlo'n grac gyda dy dad. Ond dwyt ti ddim yn gwybod *yr holl stori* eto. Mae'n bwysig i ti siarad â fe eto.

Mae'r gwaith yn wych, diolch. Mae Siân, y rheolwraig, ar wyliau am bythefnos, felly dw i ar fy mhen fy hun yn y dderbynfa. Fi yw'r 'bòs' yna, felly! Ond mae Alison yn hoffi *busnesu* yn y dderbynfa, yn anffodus. Mae'n waith caled, ond dw i'n mwynhau. Es i gyda Carwyn i *ymweld â* fferm brynhawn Mercher. Roedd hi'n ddiddorol iawn. Dw i'n mwynhau'r gwaith, ond mae'n drist pan fydd anifeiliaid yn sâl iawn ac yn marw. Mae rhai cleientiaid yn crio, a dw i'n teimlo fel crio gyda nhw, weithiau!

Dw i'n hoffi'r gair 'enwog', hefyd. Yn yr Anthem Genedlaethol dw i'n dwlu ar 'Gwlad beirdd a chantorion, enwogion o fri' a 'collasant eu gwaed' – gwych! Geiriau newydd dw i'n hoffi yw 'busnesu' a '*gwdihŵ*' – maen nhw'n ddoniol.

yr holl stori – *the whole story*
busnesu – *to stick (her) nose in*
ymweld â – *to visit*
gwdihŵ – *owl*

Dw i'n mynd i Lanbed (Llanbedr Pont Steffan) i'r cwrs. Dw i'n edrych ymlaen. Es i ddim i'r brifysgol, felly mae e'n gyffrous iawn. Bydd Emma ar wyliau gyda chriw o ffrindiau o'r ysgol. A dw i'n mynd i ddysgu i David sut i ddefnyddio'r popty ping.

Pob hwyl gyda'r teulu, a gyda'r siarad â dy dad!

Cariad,
Sara

Dydd Sadwrn 27 Mehefin

Sut mae Sara?

Sori am beidio ysgrifennu. Mae'n brysur iawn yma, gyda'r gwaith, y plant a cheisio sortio a phacio popeth yn y tŷ. Mae llawer iawn o hen stwff yn yr atig. Dw i eisiau *taflu* popeth, ond pan fydd y plant yn gweld pethau maen nhw'n dweud, 'O, dyna fy hen deganau! Paid eu taflu nhw!'

Ces i e-bost byr gan Anti Megan. Mae hi'n gofyn am hanes Mam – y ddamwain, ac ati. Dw i wedi ysgrifennu eto, yn trio esbonio pethau. Mae Megan yn grac gyda fi, dw i'n siŵr. O diar. Mae'n iawn meddwl, 'Dw i'n mynd i gysylltu â fy nheulu. Bydd hi'n grêt!' Ond dyw hi ddim yn *hawdd* gwneud, o gwbl.

Dyn ni'n symud tŷ mewn pythefnos. Mae'n gyffrous iawn. Bydd y plant yn mynd i aros gyda chwaer Tony, ar y dechrau. Bydd Tony a fi'n 'gwersylla' yn y byngalo a glanhau a threfnu pethau. Mae'r plant eisiau dod wedyn a helpu gyda'r peintio. Neu helpu i wneud *llanast*! Ond bydd hi'n hwyl gyda'r plant.

Mae teulu a ffrindiau'n cynnig pethau i ni nawr i'r tŷ newydd – dodrefn sbâr. Dyn ni'n cael bwrdd cegin mawr,

taflu – *to throw*
hawdd – *easy*
llanast – *a mess*

gwych gan frawd Tony, gwely gan ei chwaer, a soffa a *silffoedd* gan fy ffrind, Joanne. Mae rhieni Tony'n rhoi *stôf* newydd i ni, fel anrheg. Caredig iawn. Maen nhw'n ceisio rhoi cwpwl o hen bethau ofnadwy i ni , hefyd – wardrob a *chist* droriau enfawr, *salw*. Dw i'n trio meddwl am esgus da!

Sut mae pethau gyda David a'r gwaith? Beth am yr ysmygu?

Hwyl,
Ceri

silff(oedd) – *shelf (shelves)*
stôf – *stove*
cist – *chest*
salw – *ugly*

Dydd Sul 28 Mehefin

Helo Ceri,

Druan â ti, mae'r busnes gyda'r teulu'n anodd iawn. Dyw dy Anti Megan ddim yn grac gyda ti, gobeithio. Ond mae hi wedi cael newyddion ofnadwy am dy fam. Bydd hi'n cymryd amser i *ddod dros* y sioc.

Dw i'n mynd i Lanbed am y cwrs y penwythnos nesa, dydd Gwener tan ddydd Sul. Dw i'n edrych ymlaen ond dw i'n poeni tipyn bach am adael David. Gobeithio bydd e'n mynd i'r clwb golff neu i'r dafarn, dim aros yn y tŷ ar ei ben ei hun, yn teimlo'n ddiflas.

Roedd drama yn y gwaith yr wythnos ddiwetha. Ffrae fawr rhwng Alison a Chris. Roedd Chris yn siarad ag Alison am broblem a dyma Alison yn dechrau gweiddi ac wedyn cerdded ma's. Efallai dyw hi ddim yn dod yn ôl. Croesi bysedd!

Dych chi'n mynd i roi enw i'ch tŷ newydd? Dw i eisiau newid enw ein tŷ ni o Brookside (ofnadwy!) i Tŷ *Nant*. Bydd ein cyfeiriad yn swnio'n dda, dw i'n meddwl: Tŷ Nant, Lôn y Capel, Betws Newydd. Gwych!

Dim sigarét ers mis, nawr. Mae £60 yn y jar!

Hwyl am y tro,
Sara

---

dod dros – *to get over, recover*
nant – *stream, brook*

Dydd Mercher 8 Gorffennaf

Sut mae Sara?

Gest ti amser da yn Llanbed? Beth wnaethoch chi ar y cwrs?

Dw i'n hoffi dy gyfeiriad newydd. Dw i ddim yn siŵr am enw i'n tŷ newydd ni. Os dw i eisiau enw Cymraeg, bydd Tony eisiau enw Eidaleg, siŵr o fod!

Dw i wedi ffonio Dad a gofyn pam dyw fy Anti Megan ddim yn gwybod am farwolaeth Mam. Ces i sgwrs dda gyda fe. Roedd e mewn sioc ar ôl colli Mam, mae Dad yn dweud. Ac roedd e ar ei ben ei hun gyda phlentyn bach. Roedd hi'n anodd *ymdopi*. Roedd e'n meddwl ysgrifennu at y teulu. Ond wnaeth e ddim. Ac wedyn roedd hi'n *rhy hwyr*, roedd e'n teimlo. Dw i ddim yn gwybod beth i'w feddwl, nawr. Dw i'n deall, *mewn ffordd*. Mae Dad yn dweud bydd e'n dod i Sydney pan dyn ni yn y byngalo newydd. Felly bydd amser gyda ni i siarad am bopeth.

Sut mae'r gwaith? Ydy Alison wedi dod yn ôl? Gobeithio ddim.

Dyn ni'n pacio popeth nawr. Bydd y cyfrifiadur mewn bocs, felly dim e-bost am wythnos neu ddwy, sori!

Hwyl tan y tro nesa,
Ceri

---

ymdopi – *to cope*
rhy hwyr – *too late*
mewn ffordd – *in a way*

Dydd Iau 9 Gorffennaf

Helo Ceri,

Diolch am dy e-bost.

Da iawn ti am siarad â dy dad. Bydd hi'n dda i chi gael siarad *wyneb yn wyneb*, pan fydd e'n dod i Sydney.

Do, ces i amser bendigedig yn Llanbed, diolch. Es i yn y car gyda Rhian a John o'r dosbarth. Roedd y daith yn bert iawn. Mae'r ffordd yn mynd *drwy* Fannau Brycheiniog a wedyn drwy *gwm coediog,* hyfryd. Ar y ffordd roedd Rhian, John a fi'n trio darllen a deall yr enwau Cymraeg hyfryd: Llanymddyfri, Pentrebach, Llansadwrn, Pentre'r Felin, Pumsaint. Ar y cwrs cawson ni wersi diddorol iawn, a dysgu am 'y gorffennol cryno': helpais i – 'I helped', ffoniais i – 'I phoned'; bwytais i – 'I ate' . . . Defnyddiol iawn, ac eitha syml dw i'n meddwl. (Wow, mae rhywbeth yn Gymraeg yn syml!)

Cawson ni lawer o hwyl, hefyd. Aethon ni i Aberystwyth i weld y Llyfrgell Genedlaethol. Mae hen, hen lyfrau yno, fel 'Llyfr Gwyn Rhydderch'. Wyt ti'n gwybod beth yw'r Mabinogion? Mae storïau'r Mabinogion yn 'Llyfr Gwyn Rhydderch'. Mae'r llyfr dros *600 mlwydd oed*! Mae'n wych. Criais i dipyn bach, pan welais i'r llyfr. Mae e'n ddarn o hanes Cymru a'r Gymraeg.

---

wyneb yn wyneb – *face to face*
cwm – *valley*
600 mlwydd oed – *600 years old*

drwy – *through*
coediog – *wooded*

Nos Sadwrn aethon ni i Gei Newydd. Tre fach, hyfryd ar lan y môr yw Cei Newydd. Roedd hi'n dwym, felly es i i nofio gyda chwpwl o ferched eraill (yn ein bras a nicers!). Wedyn cawson ni bysgod a sglodion (*blasus* iawn), a bwyta nhw ar y cei, yn edrych ar y môr. Hyfryd. Ches i ddim llawer o *gwsg* yn y nos. Roedd pawb yn y bar yn siarad tan ddau o'r gloch y bore.

Nac ydy, dyw Alison ddim wedi dod yn ôl i'r gwaith. Hwrê! Ac mae nyrs arall ar wyliau, felly mae pawb yn brysur iawn. *Cyfle* da i fi; dw i'n helpu yn y prynhawn, ar ôl fy shifft yn y dderbynfa. Dim gwaith diddorol (llawer o lanhau), ond mae'n wych gweithio gyda'r anifeiliaid a'r milfeddygon. Bydd nyrs o *asiantaeth* yn dechrau ddydd Llun, felly dim 'chwarae nyrs' i fi yr wythnos nesa, yn anffodus.

Gobeithio bydd popeth yn mynd yn dda gyda'r symud tŷ. A gobeithio bydd Tony, y plant a ti yn hapus iawn yn eich cartre newydd. Dw i'n edrych ymlaen at glywed yr hanes. Beth am enw *dwyieithog* – Cymraeg ac Eidaleg – i'ch tŷ? Casa Hapus, neu Tŷ Contente!

Pob hwyl,
Sara

---

blasus – *tasty*   cwsg – *sleep*
cyfle – *chance*   asiantaeth – *agency*
dwyieithog – *bilingual*

Dydd Sadwrn 18 Gorffennaf

Sut mae Sara?

Dyma fi'n e-bostio o'r tŷ newydd!

Dyn ni wedi symud i mewn nawr – ni a'r plant, hefyd. Dyn ni wedi blino, ond mae'n wych yma. Yr wythnos diwetha ces i syrpreis hyfryd. Daeth teulu Tony i helpu gyda'r glanhau a'r trwsio. Aeth y gwaith yn gyflym gyda'u help nhw. Cawson ni gwpwl o syrpreisys drwg hefyd, fel nyth corryn cefn-coch ('red-back spider') yn ffrâm y ffenest. Mae corryn cefn-coch yn beryglus iawn. Dros y penwythnos roedd 'parti peintio' yma. Peintion ni drwy'r dydd ac wedyn cael bwyd a gwin. Dw i'n *cwyno* am 'y Maffia', weithiau, ond mae teulu Tony yn ffantastig.

Diolch am dy syniadau am enw i'r tŷ. Mae Tŷ Contente yn hyfryd. Rwyt ti'n *fardd*!

Y bore 'ma plygiais i'r cyfrifiadur i mewn a ffeindio e-bost gan chwaer arall Mam, Gwen! E-bost hyfryd, yn dweud 'Helo', ac yn siarad am ei theulu hi. Mae mab a merch gyda hi, Osian ac Angharad. Felly mae *cefnder* a *chyfnither* gyda fi. Roedd lluniau gyda'r e-bost. Llun o Gwen a'i theulu. Maen nhw'n edrych yn neis iawn. A llun o fy mam a

cwyno – *to complain*
bardd – *poet*
cefnder / cyfnither – *cousin (m/f)*

Gwen, yn ferched ifainc. Roedd Mam tua *phymtheg* oed
yn y llun, a Gwen tua dwy ar bymtheg, dw i'n meddwl.
Mae Mam a Gwen yn edrych yn eitha tebyg – wel, maen
nhw'n edrych fel chwiorydd. Felly os dw i'n edrych ar y
llun o fy Anti Gwen nawr, dw i'n gallu 'gweld' fy mam yn
y presennol.

Criais i pan ddarllenais i'r e-bost a gweld y lluniau. Ond dw
i'n hapus. Dw i'n mynd i e-bostio'n ôl ac anfon lluniau o'r
plant a fi a Tony. Hefyd dw i'n anfon llun o Mam a fi, o 1979.

Ydw, dw i'n gwybod beth yw'r Mabinogion, ond dw i ddim
wedi darllen y storïau eto. Edrychais i ar-lein ar wefan
Llyfrgell Genedlaethol Cymru. Dych chi'n gallu gweld yr
hen lyfrau a *dogfennau* ar y cyfrifiadur. Edrychais i ar 'Lyfr
Gwyn Rhydderch'. Mae'n ffantastig. Dw i'n mynd i brynu
copi o'r Mabinogion nawr – y fersiwn i ddysgwyr, dw i'n
meddwl!

Sut mae pethau gyda ti? Popeth yn iawn gyda'r teulu,
a'r gwaith?

Hwyl,
Ceri

---

pymtheg – *fifteen*
dogfen(nau) – *document(s)*

Dydd Llun 20 Gorffennaf

Helo Ceri,

Braf iawn clywed (wel, darllen) dy newyddion da. Rwyt ti'n swnio'n hapus iawn yn y tŷ newydd. Oes llawer o waith yn dal i'w wneud?

Roedd hi'n hyfryd i ti gael yr e-bost a'r lluniau gan dy Anti Gwen. Faint yw oedran dy gefnderoedd? Wyt ti'n gwybod ble maen nhw'n byw a beth maen nhw'n wneud?

Dyn nhw ddim wedi ffeindio nyrs newydd eto yn y gwaith. Dw i'n dal i helpu'r milfeddygon pan dw i ddim yn y dderbynfa. Dw i'n mwynhau'n fawr iawn, a dw i'n dysgu llawer.

Mae Mam, Dad, Becky a Steve yn Sioe Frenhinol Cymru yr wythnos yma. Maen nhw'n *dangos* defaid. Dw i'n gorffen gwaith am un o'r gloch yfory i fynd i'r Sioe am y prynhawn. Mae llawer o'r ffermwyr yno'n siarad Cymraeg, fel arfer. Dw i'n mynd i siarad Cymraeg â nhw eleni, a dangos y geiriau dw i wedi dysgu gan Carwyn. Dw i'n siŵr o ddweud pethau twp, ond mae'n bwysig ymarfer pan dych chi'n cael y cyfle!

Mae Emma'n gwneud gwaith *gwirfoddol* nawr. Mae hi'n helpu gyda phrosiect ar y mynydd, ar bwys yr hen

dangos – *to show*
gwirfoddol – *voluntary*

bwll glo. Maen nhw'n plannu coed ac yn ceisio helpu natur a bywyd gwyllt i ddod yn ôl i'r ardal. Od iawn – mae Emma'n casáu fy helpu i yn yr ardd!

Gwnes i'r daith gerdded gyda'r merched o'r grŵp stopio-ysmygu ddoe. Bois bach! Dw i ddim yn gwybod sut cerddais i ddeg milltir. Wel, ydw – llawer o siocled. Cawson ni ddau sgwâr o siocled fel '*gwobr*', bob hanner milltir. Dw i ddim yn gallu symud heddiw. Dw i eisiau cysgu am wythnos. Ond dw i'*n falch* iawn. Codais i £95 at *Ymchwil* Canser, hefyd. Dw i ddim yn gwybod sut wyt ti'n mynd i <u>redeg</u> hanner marathon, Ceri, wir. Llawer iawn, iawn o siocled, efallai!

Hwyl,
Sara

pwll glo – *coalpit*
gwobr – *reward, prize*
yn falch – *proud, pleased*
ymchwil – *research*

Dydd Sul 26 Gorffennaf

Helo Sara,

Llongyfarchiadau ar y daith gerdded! Gwych. Dw i ddim yn gwybod sut dw i'n mynd i redeg 13 milltir, chwaith. Ond rwyt ti wedi gwneud dy 10 milltir, felly dw i'n mynd i wneud fy hanner marathon.

Ces i e-bost arall gan fy Anti Gwen. Mae hi'n hyfryd. Athrawes yw hi, ac mae hi'n dysgu plant bach, mewn *ysgol gynradd*. Dw i'n gwybod tipyn bach am fy nghefnderoedd. Mae Angharad yn saith ar hugain. Mae hi'n gweithio yn y Senedd yng Nghaerdydd. (Dw i ddim yn siŵr beth yw'r Senedd.) Mae Osian yn naw ar hugain ac mae dau o blant bach gyda fe. Mae e'n gweithio i'r BBC.

Roedd hi a fy mam yn *glòs* iawn, mae Gwen yn dweud. Ond roedd hi yn y coleg ym Mangor pan aeth Mam i Awstralia. Doedd hi ddim yn gwybod dim am y 'trwbwl' yn y teulu, tan oedd hi'n rhy hwyr. Mae hi wedi ceisio ffeindio fy mam. Ond doedd dim syniad gyda'r teulu ble roedd hi. Mae'n drist iawn, Sara. Dw i'n teimlo'n ofnadwy dros y teulu. Maen nhw eisiau atebion am Mam, dw i'n siŵr. Ond dw i ddim yn gwybod yr atebion!

ysgol gynradd – *primary school*
clòs – *close*

Oes, mae llawer o waith i'w wneud yn y tŷ newydd, ac yn yr ardd. Dyn ni wedi peintio'r gegin a'r ystafell fyw. Nawr dyn ni'n gwneud yr ystafelloedd gwely. Mae Ruby eisiau pinc: waliau pinc, *llenni* pinc, *dillad gwely* pinc . . . O wel, *pinc amdani*. Mae Alex yn waeth; mae e eisiau peintio ei ystafell wely e'n ddu!

Ta ta am y tro,
Ceri

llenni – *curtains*
dillad gwely – *bedclothes*
pinc amdani – *pink it is*

Dydd Mercher 29 Gorffennaf

Sut mae Ceri?

Diolch am dy e-bost.

Mae gweithio fel athrawes yn rhedeg yn dy deulu, felly – dy Anti Gwen a ti. Mae swyddi diddorol gyda dy gefnderoedd. (Y Senedd yw cartre *Llywodraeth Cynulliad Cymru*.)

Rwyt ti'n poeni gormod am y 'trwbwl' yn nheulu dy fam, dw i'n meddwl. Dwyt ti ddim yn gallu gwneud dim am y gorffennol. A dwyt ti ddim yn gallu esbonio popeth am dy fam a dy dad. Mae dy Anti Megan ac Anti Gwen yn deall hynny, gobeithio. Ond rwyt ti'n gallu mwynhau dod i nabod y teulu nawr. Mae dy Anti Gwen yn swnio'n hyfryd.

Mae newyddion gyda fi am y gwaith. Maen nhw wedi cynnig swydd newydd i fi, fel *Nyrs dan Hyfforddiant*. Pedwar diwrnod yr wythnos yn y gwaith, ac un diwrnod yn y coleg, yn gwneud cwrs 'Nyrs Milfeddygol'. 'Mae'n swnio fel lot fawr o waith, a dim lot o arian!', mae David yn dweud. Dyw'r swydd ddim yn talu'n dda iawn, yn anffodus. Ond bydd hi'n well ar ôl gorffen yr hyfforddiant. Dw i'n mynd i feddwl am y swydd tan wythnos nesa. Dw i dipyn

Llywodraeth Cynulliad Cymru – *Welsh Assembly Government*
nyrs dan hyfforddiant – *trainee nurse*

bach yn hen i ddechrau hyfforddi! Ond mae'n gyfle
ffantastig. Beth wyt ti'n feddwl?

Ddydd Sadwrn dyn ni'n mynd i'r Eisteddfod Genedlaethol.
Dw i'n edrych ymlaen, ond dw i'n nerfus am y canu! Mae'r
Eisteddfod yng Ngogledd Cymru eleni. Bydd Emma ac
Evan yno hefyd. Bydd Evan yn *cystadlu* yn y dawnsio.
Bydd Mam a Dad yn dod hefyd, gyda'r garafán. Dw i wedi
perswadio David i gymryd gwyliau o'r gwaith, ac mae e'n
dod hefyd. Mae e'n poeni, 'Bydd popeth yn Gymraeg!' Ond
bydd llawer o help i ddysgwyr a phobl *ddi-Gymraeg*, mae
Huw (fy nhiwtor) yn dweud.

Pob hwyl gyda'r peintio!

Cariad,
Sara

cystadlu – *to compete*
di-Gymraeg – *non Welsh-speaking*

Dydd Gwener 31 Gorffennaf

Helo Sara,

Dim ond gair bach i ddweud 'Pob lwc!' yn yr Eisteddfod – i ti ac Evan. Dw i'n edrych ymlaen at glywed yr hanes.

Mae'r swydd newydd yn swnio'n berffaith i ti. Swydd ddiddorol iawn, swydd *sydd â* dyfodol. Cyffrous!

Rwyt ti'n iawn; dw i wedi ffeindio'r teulu ac mae'n amser stopio poeni. Ac mae fy Anti Gwen yn hyfryd. Dw i'n mwynhau darllen ei storïau hi am Mam. Dw i ddim yn cael cyfle i siarad am fy mam gyda *neb*, fel arfer. Ond mae Gwen yn hoffi dweud storïau am Mam ac am eu plentyndod nhw. Dw i'n dweud storïau wrth Gwen, hefyd – pethau dw i'n cofio am Mam. Mae hi eisiau gwybod am fy *mywyd* i, hefyd, ac am Tony a'r plant. Mae'n hyfryd cael Anti! Gobeithio bydd e-bost arall gan fy Anti Megan cyn bo hir, hefyd.

Ta ta am y tro, pob hwyl gyda'r canu!
Ceri

---

sydd â – *which has*
neb – *no-one*
bywyd – *life*

Dydd Sul 9 Awst

Helo Ceri,

Sut mae'r hwyl?

Roedd yr Eisteddfod yn wych. Arhoson ni ar y Maes
Carafannau. Roedd Emma, David a fi yn y garafán gyda fy
mam a nhad, ac roedd Evan a Natasha yn y babell.
(Diolch byth! Dw i'n rhy hen i gysgu mewn pabell). Roedd
pobl yn *gyfeillgar* iawn ar y maes carafannau; pawb yn
dweud 'Bore da' a 'Nos da' a siarad yn y ciw am y
cawodydd.

Roedd croeso mawr ym Mhabell y Dysgwyr. Canodd fy
ngrŵp i 'Halelwia' (y fersiwn Gymraeg, gan y grŵp
Brigyn). Dawnsiodd Evan yn y gystadleuaeth Dawns
Greadigol. A dawnsiodd e gyda Natasha yn y Dawnsio
Disgo. Roedd eu dawnsio nhw'n wych. Evan a Natasha
oedd y gorau – dw i'n meddwl. Yn anffodus doedd y
beirniaid ddim yn cytuno!

Ddydd Llun aethon ni i'r Pafiliwn i weld Seremoni *Coroni'r
Bardd*. Roedd hi'n fendigedig. Roedd hi'n bosibl cael
cyfieithiad i'r Saesneg ar *glustffonau*, oedd yn help mawr.)

---

cyfeillgar – *friendly*
creadigol – *creative*
coroni'r bardd – *the crowning of the bard*
clustffonau – *headphones*

cawod(ydd) – *shower(s)*
beirniad(-iaid) – *adjudicator(s)*
cyfieithiad – *translation*

Roedd David yn hapus iawn yn y Pafiliwn bob dydd, yn gwrando ar y canu a'r bandiau *pres*. Gyda'r nos cawson ni farbeciw ar y maes carafannau, neu aethon ni i gyngerdd yn y Pafiliwn. Aeth y plant i'r gigs ar Faes B, y Maes i bobl ifainc. Roedd bandiau gwych, dwedon nhw (rhy *swnllyd* i fi!).

Ar y maes roedd siopau a *stondinau*. Prynais i lawer o lyfrau Cymraeg. Prynais i *grys-T* hefyd, gyda 'Dw i ddim yn angel, ond dw i'n siarad *iaith y nefoedd*!' ar y ffrynt. Mae David yn dweud bydd e'n meddwl am ddysgu Cymraeg nawr. Croesi bysedd!

Dw i'n mynd yn ôl i'r gwaith yfory a dw i'n mynd i *dderbyn* y swydd. 'Sara Roberts, Nyrs Milfeddygol' – mae'n swnio'n dda, *on'd yw e*?

Sut mae'r peintio'n mynd? Oes mwy o newyddion am y teulu yng Nghymru?

Cariad,
Sara

pres – *brass*	swnllyd – *noisy*
stondin(au) – *stall(s), stand(s)*	crys-T – *T-shirt*
iaith y nefoedd – *the language of heaven*	derbyn – *to accept*
on'd yw e? – *doesn't it?*	

Dydd Gwener 14 Awst

Heia Sara,

Sori am beidio e-bostio tan nawr. Dw i ddim yn gwybod ble mae'r amser yn mynd.

Rwyt ti'n gwneud y peth iawn, dw i'n siŵr, yn derbyn y swydd. Bydd hi'n wych. Dw i'n hapus iawn *drosot ti.*

Mae'r peintio'n mynd yn iawn, diolch. Mae ystafell Ruby fel candi-fflos. Ond mae Alex wedi setlo am waliau gwyn, dioch byth! Gyda dillad gwely a llenni du a gwyn, *streipiog.* Mae'n edrych yn smart iawn.

Oes, mae newyddion am y teulu yng Nghymru. Dw i'n gwybod tipyn bach am frawd Mam, Yncl Dylan. Mae e'n byw yn Llanelli. Dyn tân wedi ymddeol yw e. Mae tri o blant gyda fe, felly mae tri chefnder arall gyda fi! Mae fy nhad-cu a mam-gu yn dal yn fyw. Maen nhw'n wyth deg saith ac wyth deg pump oed, ac maen nhw'n byw mewn fflat yn Abertawe. Ond dyn nhw ddim yn gwybod eto am farwolaeth Mam, a phopeth. Mae'r teulu'n poeni bydd hi'n ormod o sioc, mae Gwen yn dweud. Dyn nhw ddim yn siŵr beth i'w wneud. Dw i'n deall, wrth gwrs. Ond bydd hi'n *siom* fawr os dw i ddim yn gallu dod i nabod fy nhad-cu a mam-gu.

drosot ti – *for you*
streipiog – *striped*
siom – *disappointment*

Dw i'n ceisio esbonio i'r plant am Gymru a fy nheulu.
Mae Alex yn gwybod am dîm rygbi Cymru, wrth gwrs.
Edrychon ni ar y glôb i weld ble mae Cymru a dwedodd
Alex, 'Mae Cymru'n fach ofnadwy, Mam!'. Mae Tom yn
hoffi dysgu tipyn bach o Gymraeg gyda fi. Mae e'n gallu
rhifo o 1–10 a siarad am bethau pob dydd, fel codi,
ymolchi, bwyta brecwast, mynd i'r ysgol, amser gwely . . .
Ond does dim llawer o ddiddordeb gyda'r plant yn fy
nheulu, a dweud y gwir. Mae teulu mawr gyda nhw yma
yn Sydney, teulu Tony; mam-gu a thad-cu, antis, yncls,
cefnderoedd. Mae'n braf i'r plant gael teulu clòs. Dim fel fi.
Roedd Dad yn gwneud ei orau, ond roedd hi'n *unig* – dim
ond fi a fe. O diar. Dw i'n meddwl gormod am bethau eto.
Pethau trist. Sori, Sara!

Newyddion da nawr, iawn? Mae Dad a Brenda'n dod
yfory, i aros dros y penwythnos. Dw i'n edrych ymlaen.
Dyn nhw ddim wedi gweld ein tŷ newydd eto. Dw i'n
mynd i dacluso nawr!

Hwyl,
Ceri

unig – *lonely*

Dydd Mawrth 18 Awst

Helo, Ceri!

Sut aeth y penwythnos, gyda dy dad a Brenda? Ydyn
nhw'n hoffi'r tŷ? Gest ti amser i siarad â dy dad am dy
fam a'r teulu?

Paid poeni am ysgrifennu am 'bethau trist'! Mae dy
newyddion yn ddiddorol. Ac mae newyddion diflas gyda fi,
hefyd. Roedd panic yma dros y penwythnos. Cafodd Gareth,
brawd David, strôc bach. Roedd e'n *wael* iawn ar y dechrau.
Ond mae e lot yn well nawr. Aethon ni i weld e yn yr ysbyty.
Bydd e'n iawn os bydd e'n cymryd tabledi ac yn gofalu am ei
iechyd, mae'r doctor yn dweud: peidio ysmygu, *bwyta'n
iach*, cadw'n heini.

Mae ei strôc wedi rhoi sioc i'r teulu. Ac mae David yn poeni
am ei *iechyd* e nawr. Mae e'n 'mynd yn hen', mae e'n dweud.
Dim ond 47 yw e! A dyw e ddim yn gwneud digon o ymarfer
corff, dyn ni ddim yn bwyta'n iach . . . Mae e eisiau i ni stopio
bwyta menyn, hufen, caws, cig moch, teisennau, bisgedi a
phwdinau. Diflas iawn! Mae e'n mynd at y meddyg i gael
profion colesterol a *phwysau gwaed*. Dw i'n gobeithio bydd
e'n siarad â'r meddyg am sut mae e'n teimlo, hefyd. Mae e'n
isel iawn, dw i'n meddwl.

gwael – *ill, bad*	bwyta'n iach – *eat healthily*
iechyd – *health*	profion – *tests*
pwysau gwaed – *blood pressure*	isel – *low*

Bydd Emma'n cael ei *chanlyniadau* Lefel 'A' ddydd Iau.
Mae hi ar bigau'r drain, a fi hefyd. Mae hi'n gobeithio cael
2 'A' a 2 'B'. Bydd hi'n gallu mynd i Brifysgol Bangor wedyn.

Dw i'n dechrau yn y swydd newydd yr wythnos nesa, pan
fydd merch newydd yn dechrau yn y dderbynfa. A dw i'n
mynd i'r coleg ym mis Medi! Dw i *wrth fy modd*.

Cymru'n 'fach ofnadwy', mae Alex yn dweud – hy! 'Gwlad
fach, gyda *chalon* fawr', dyn ni'n dweud.

Hwyl am y tro,
Sara

---

canlyniad(au) – *result(s)*
wrth fy modd – *delighted*
calon – *heart*

Dydd Mercher 19 Awst

Helo Sara,

Mae'n ddrwg gyda fi am dy frawd-yng-nghyfraith. Mae'n sioc i chi i gyd. Cafodd fy nhad i strôc yn 2002. Ar ôl y strôc roedd hi'n anodd i Dad gerdded a siarad, ond cafodd e ffisiotherapi ac ati ac mae e'n iawn nawr. Gobeithio bydd Gareth yn well cyn bo hir.

Aeth y penwythnos yn dda, diolch. Roedd Dad a Brenda'n hoffi'r tŷ newydd. Helpon nhw ni i ddechrau clirio'r ardd. Mae hi'n wyllt, ac roedd llawer o *sbwriel* yna. Wedyn aethon ni i'r ganolfan arddio i edrych ar bethau i'r ardd. Prynodd Dad a Brenda fwrdd a seddi gardd posh i ni. Hyfryd iawn.

Do, siaradais i â Dad am Mam a'r teulu. Roedd rhieni Mam yn hen-ffasiwn, dwedodd Dad. Yn *caru* eu plant, ond yn *llym* gyda nhw. Ac roedd Mam yn *dipyn o rebel*. Felly roedd ffraeo rhwng Mam a'i rhieni, am bethau fel dillad, *colur*, yfed alcohol, cariadon. Dyna pam ddwedodd Mam ddim wrth ei mam a'i thad am ddisgwyl babi. Wedyn roedd Mam eisiau mynd i Awstralia gyda Dad, a dwedodd ei thad hi, 'Os wyt ti'n mynd i Awstralia gyda'r dyn yna, dwyt ti ddim yn ferch i ni!'

sbwriel – *rubbish*
caru – *to love*
llym – *strict*
tipyn o rebel – *quite a rebel*
colur – *make-up*

Roedd Mam yn hapus yn Awstralia ar y dechrau,
dwedodd Dad. Ond wedyn dechreuodd hi golli'i theulu, a
Chymru. *Roedd hiraeth ofnadwy arni hi*. Roedd hi'n
siarad am ysgrifennu at ei mam a'i thad. Ond wnaeth hi
ddim. Dw i ddim yn siŵr pam. Ac ysgrifennodd Dad ddim,
pan fuodd Mam farw. *Doedd e ddim* yn gwybod sut i
ddweud wrth y teulu, dwedodd e. Felly dyna'r stori. Dw i
ddim yn gwybod beth i feddwl nawr, am fy mam-gu a
nhad-cu. *Pan oedd Mam* yn siarad â fi am ei phlentyndod,
roedd hi'n siarad am amser hapus. Ac am deulu llawn
cariad. Dim am y problemau a'r ffraeo.

Gobeithio bydd newyddion da am y Lefelau 'A' i Emma
yfory!

Cariad,
Ceri

roedd hiraeth ofnadwy arni hi – *she was terribly homesick*
pan fuodd Mam farw – *when Mam died*
doedd e ddim – *he didn't*
pan oedd Mam – *when Mam was/used to*

Dydd Mawrth 25 Awst

Sut mae Ceri?

Diolch am dy e-bost diwetha.

Felly rwyt ti'n gwybod nawr beth yw hanes dy fam a'i
theulu. Dim ond 18 oed oedd dy fam. Mae Emma'n 18.
'Dw i'n oedolyn!' mae hi'n dweud, ond plentyn yw hi, dw
i'n meddwl! Dyn ni'n ffraeo am lawer o bethau: yfed
gormod, dod adre'n hwyr, helpu yn y tŷ, gwneud pethau
peryglus . . . Roedd fy rhieni a fi'n ffraeo, hefyd. Mae'n beth
normal mewn teuluoedd. Ac weithiau mae pobl yn dweud
rhywbeth dwl neu'n rhoi wltimatwm, fel dy dad-cu. Mae'n
anodd ffeindio ffordd yn ôl wedyn. Mae hynny'n drasiedi.
Gobeithio bydd dy fam-gu a dy dad-cu'n gallu dod i dy
nabod ti nawr. Efallai bydd hi'n bosibl i rywbeth da ddod
o *sefyllfa* drist iawn. Beth wyt ti'n feddwl?

Mae newyddion gwych yma: cafodd Emma dair 'A' ac un 'B'
yn ei Lefelau 'A'. Mae hi'n hapus iawn. (Fi, hefyd.) Aethon ni
mas nos Wener i ddathlu. Cawson ni ginio mewn bwyty
llysieuol. Roedd y bwyd yn edrych yn ddiflas – popeth yn
frown ac yn 'iach' – ond roedd e'n flasus iawn.

Mae Emma ym Machynlleth yr wythnos yma, yn '*achub y
blaned*'. Mae hi'n gwneud gwaith gwirfoddol yn y

sefyllfa – *situation*
llysieuol – *vegetarian*
achub y blaned – *save the planet*

Ganolfan Dechnoleg Amgen. Mae hi'n cael profiad gwych yna. Ond does dim arian gyda hi a dyn ni'n talu am bopeth – fel arfer! Mae David yn Llundain am dri diwrnod, felly dw i ar fy mhen fy hun. Ond mae'r ci a'r cathod yn cadw cwmni i fi. (Does dim lle i fi yn y gwely!)

Aethon ni i Ferthyr i weld Gareth, brawd David, eto ddoe. Roedd e *mewn hwyliau da* iawn. Mae cael strôc yn gwneud i chi feddwl, mae e'n dweud. Roedd e'n siarad am ymddeol o'i swydd a 'dechrau mwynhau bywyd'. Gyrrwr lori fawr yw e. Gwaith caled iawn. Mae e'n gwneud yn dda iawn, ond mae ei wraig, Nia, a'r teulu'n poeni, wrth gwrs.

Dw i'n mwynhau'r swydd newydd. Mae 'ysbyty' bach gyda ni yn y filfeddygfa. Fy ngwaith i yw glanhau! Ond dw i'n dysgu gwneud tasgau nyrsio, hefyd. Mae'n wych.

Beth dych chi'n mynd i wneud yn eich gardd nesa? Dw i ddim yn gwybod dim am arddio yn Awstralia.

Sut mae'r rhedeg?

Hwyl,
Sara

Canolfan Dechnoleg Amgen – *Centre for Alternative Technology*
mewn hwyliau da – *in good spirits*

Dydd Mercher 26 Awst

Heia Sara,

Llongyfarchiadau i Emma ar ei Lefelau 'A'! Maen nhw'n wych. A dw i'n falch o glywed y newyddion da am dy frawd-yng-nghyfraith.

Rwyt ti'n iawn, mae pob teulu'n ffraeo, siŵr o fod. Roedd fy nhad a fi'n ffraeo. Dw i'n cofio Dad yn dweud, 'Dw i'n *bolltio*'r drws am hanner nos. Paid dod adre'n hwyr neu byddi di'n cysgu yn yr ardd!' (Des i adre'n hwyr bob nos Sadwrn ond wnaeth Dad ddim bolltio'r drws.) Dw i ddim yn edrych ymlaen at fy mhlant i'n troi'n 'teenagers'!

Dros y penwythnos daeth hen ffrind o'r coleg i aros gyda ni. Mae hi'n mynd drwy *ysgariad*, felly roedd llawer o siarad, crio, gwin, teisen, mwy o siarad a chrio . . . Yfais i ormod a redais i ddim o gwbl! Ond roedd hi'n hyfryd gweld fy ffrind a siarad am bopeth.

Sôn am redeg, mae e'n mynd yn eitha da, diolch. Dw i'n gobeithio rhedeg deg milltir ddydd Sul nesa. Os dw i'n gallu gwneud deg milltir erbyn yr hanner marathon, bydd yr adrenalin yn gwneud y tair milltir arall, gobeithio! Dw i'n mynd i godi arian hefyd, at *elusen* o'r enw 'A Friend's Place'.

bolltio – *to bolt (door)*
ysgariad – *divorce*
elusen – *charity*

Maen nhw'n helpu plant *sy wedi colli* eu mam neu eu tad, neu rywun yn y teulu. Dw i'n gwneud gwaith gwirfoddol yno.

Dw i ddim yn gwybod lot am arddio yn Awstralia, chwaith! Ond mae llawer o syniadau gyda ni. Dyn ni eisiau lle i'r plant chwarae; lle i gael barbeciw; gardd ffrwythau a llysiau; a blodau. Mae coed ewcalyptws mawr, hyfryd yn yr ardd. Dyn ni eisiau gadael y *rhan* yna i natur.

Rwyt ti'n swnio'n hapus iawn yn y swydd newydd. Rwyt ti '*yn dy elfen*' yna, mae'n siŵr. Grêt.

Hwyl,
Ceri

sy wedi colli – *who have lost*
rhan – *part*
yn dy elfen – *in your element*

Dydd Iau 3 *Medi*

Helo, Ceri!

Diolch am dy e-bost diddorol. Wnest ti'r 10 milltir ddydd Sul? Sut oedd e? Mae'r elusen 'A Friend's Place' yn swnio'n dda. Prosiect *agos at dy galon*, dw i'n siŵr.

Mae David wedi cael ei brawf colesterol. Mae popeth yn iawn, ond mae e'n dal i boeni am gael strôc. Mae e wedi prynu *peiriant monitro* pwysau gwaed ac mae e'n mesur ei bwysau gwaed e bob pum munud! Dyn ni'n dechrau 'rhaglen ffitrwydd'. Dyn ni'n mynd i'r ganolfan hamdden i nofio a chwarae badminton neu sboncen. Mae sboncen yn edrych fel gêm galed iawn!

Dw i ddim yn cerdded llawer ar hyn o bryd. Mae'r tywydd yn dwym iawn, ac yn glòs. Dw i eisiau mynd i lan y môr! Dw i ddim yn gweithio ddydd Sadwrn felly dw i'n gobeithio perswadio David i fynd i Sir Benfro am y penwythnos. Dyn ni'n gallu stopio ym Merthyr ar y ffordd i weld Gareth a theulu David hefyd.

Wyt ti wedi clywed eto gan y teulu yng Nghymru?

Cariad,
Sara

Medi – *September*
agos at dy galon – *close to your heart*
peiriant monitro – *monitoring machine*

Dydd Llun 7 Medi

Helo Sara,

Da iawn ti a David, yn dechrau ar eich 'rhaglen ffitrwydd'. Ro'n i'n arfer chwarae sboncen. Mae hi'n hwyl. Bydd hi'n iawn os dych chi'n dechrau'n *araf* heb roi gormod o sioc i'r system!

Aethoch chi i Sir Benfro? A nofio yn y môr? Braf iawn. Dw i wrth fy modd yn nofio yn y môr, dim ots am y tywydd.

Do, gwnes i'r 10 milltir, ond yn araf. Dw i ddim yn mynd i ennill yr hanner marathon, yn sicr! Ond dw i'n mwynhau'r rhedeg a dw i'n gobeithio codi swm da o arian.

Ces i e-bost hyfryd gan fy nghefnder, Osian, yn dweud, 'Helo, braf iawn clywed am fy nghyfnither yn Awstralia'. Mae e'n byw yng Nghaerdydd. Bethan yw enw ei wraig e. Mae eu plant, Meirion a Seren, yn dair a blwydd oed. Yn y BBC mae Osian yn gwneud rhaglenni teledu i blant.

Bydd fy Anti Megan yn ysgrifennu eto, mae Anti Gwen yn dweud, pan mae hi wedi cael amser i feddwl am bethau. Dw i'n 'broblem' i Megan, dw i'n meddwl. Dw i'n deall, ond mae'n *brifo* hefyd. O wel, mae Anti Gwen a'i theulu eisiau fy nabod i!

Hwyl,
Ceri

araf – *slow*
brifo – *to hurt*

Dydd Mawrth 8 Medi

Sut mae Ceri,

Diolch am yr e-bost.

Roedd hi'n hyfryd i ti gael e-bost gan dy gefnder, Osian.
Gobeithio bydd dy Anti Megan yn ysgrifennu eto. Dim <u>ti</u>
yw'r broblem. Hanes trist dy fam, a'r teulu'n colli merch a
chwaer yw'r 'broblem'.

Do, aethon ni i Sir Benfro a nofion ni yn y môr. Braf iawn.
Dyn ni'n gwybod am draeth bach, tawel yng Ngogledd Sir
Benfro. Dych chi ddim yn gallu gyrru i'r traeth, felly does
dim llawer o bobl yn ffeindio fe. Dim ond ni a'r *morloi* –
hyfryd. Roedd hi'n braf ar y fferm. Fferm organig yw hi, ac
maen nhw'n gwneud pethau i helpu bywyd gwyllt, fel
plannu coed a *pherthi*. Mae llawer o adar, *pili-palas* a
blodau gwyllt hyfryd. Ond mae ffermio'n anodd iawn ar
hyn o bryd. Mae pris cig organig wedi mynd lawr. Ac mae
Becky a Steve yn poeni am TB. Mae rhai ffermwyr yn Sir
Benfro wedi colli gwartheg i TB. Maen nhw'n meddwl am
werthu'r gwartheg a dechrau tyfu tatws a llysiau.

Ces i sgwrs dda gyda David dros y penwythnos. Roedd
strôc ei frawd yn sioc, dwedodd e. Ond mae e wedi

morloi – *seals*
perthi – *hedges*
pili-pala – *butterfly*

gwneud i David feddwl am bethau. 'Dyn ni ddim yn gwybod beth fydd yn digwydd yfory!', *meddai e*. Felly mae'n bwysig byw pob dydd yn llawn. Mae e'n mynd i geisio stopio poeni a gweithio gormod a dechrau mwynhau bywyd. Gwych! Dw i'n hapus iawn. (Mae e'n ôl yn y gwaith nawr, wrth gwrs. Gobeithio bydd e'n cofio ei 'adduned' newydd.)

Mae Emma gartre am bythefnos nawr, cyn mynd i Brifysgol Bangor. Dw i'n mwynhau'r cyfle i sbwylio hi, cyn ffarwelio! Dyn ni'n mynd i siopa dros y penwythnos am bethau i ystafell Emma yn y brifysgol: teledu, dillad gwely, *tegell*, mygiau, posteri, *planhigion* . . .

Mae fy nghwrs yn y coleg ym *Mhen-y-bont* yn dechrau mewn pythefnos. Ac mae'r dosbarth Cymraeg yn dechrau, hefyd. Gobeithio bydda i'n rhy brysur i weld eisiau Emma!

Pob hwyl ar godi arian i'r hanner marathon. Wyt ti'n ymarfer yn galed nawr? Wyt ti'n edrych ymlaen at y ras? Pryd mae hi?

Hwyl fawr,
Sara

meddai e – *he said*
tegell – *kettle*
planhigion – *plants*
Pen-y-bont – *Bridgend*

Dydd Sadwrn 12 Medi

Helo Sara,

Dw i'n falch i ti a David gael amser da yn Sir Benfro.
Mae'n hyfryd cael gwyliau bach ar ffer, ond mae bywyd
ffermwyr yn anodd, on'd yw e – poeni am TB, ayb. Wyt ti'n
ymweld â ffermydd yn dy waith, nawr?

Newyddion gwych am David – stopio poeni a mwynhau
bywyd, ac ati. Mae e'n iawn, wrth gwrs. Dyn ni'n
gwastraffu ein hamser yn poeni am bethau dwl ac yn
anghofio am y pethau pwysig. Wyt ti a David wedi
dechrau ar y 'rhaglen ffitrwydd' eto? Sut mae'r sboncen?

Wythnos i yfory mae'r hanner marathon! Ydw, dw i'n
edrych ymlaen. Ond dw i'n nerfus hefyd nawr. Beth os dw i'n
methu gorffen y ras? Dw i'n rhedeg bron bob dydd ond dw i
ddim yn ymarfer yn galed nawr. Dw i ddim eisiau gwneud
gormod cyn y penwythnos nesa.

Mae'r penwythnos yma'n brysur ofnadwy. Dyn ni'n mynd i
seremoni a pharti *bedydd* y prynhawn 'ma. Mae babi
newydd gyda brawd Tony a'i wraig, Matt a Helen. Mae
Alex yn cwyno am fynd i'r 'stupid Christening'. (Dim ond
deuddeg oed yw e ond mae e fel 'teenager' *pigog*

---

gwastraffu – *to waste*
bedydd – *christening*
pigog – *grumpy, prickly*

yn barod!) Mae pen-blwydd Tom yfory. Dyn ni'n mynd fel teulu i *ferlota* mewn parc mawr yn Sydney. Gobeithio bydd y ceffylau'n araf. Dw i ddim eisiau cael damwain, wythnos cyn yr hanner marathon!

Mae'n braf i ti gael amser nawr i fwynhau 'sbwylio' Emma. Bydd hi'n drist i ti pan fydd hi'n mynd i'r Coleg, siŵr o fod. Dw i ddim yn edrych ymlaen at weld fy mhlant i'n 'gadael y nyth'. Wel, ydw, weithiau, pan fyddan nhw'n mynd ar fy nerfau! Ond dim go-iawn.

Dw i'n mynd i *smwddio* dillad pawb nawr ar gyfer y seremoni bedydd. Diflas!

Hwyl,
Ceri

yn barod – *already*
merlota – *pony trekking*
smwddio – *to iron*

Dydd Mawrth 15 Medi

Sut mae Ceri?

Sut oedd y merlota? Dwyt ti ddim yn stiff, gobeithio, a'r hanner marathon dydd Sadwrn!

Ydw, dw i'n mynd gyda Carwyn i weld anifeiliaid fferm weithiau, os yw e eisiau help. Does dim llawer o brofiad o anifeiliaid fferm gyda'r nyrsys eraill. Dyna pam ces i'r swydd, dw i'n *credu*. Ond dw i'n gwybod sut i *drin* defaid, gwartheg a cheffylau. Gwaith peryglus, pan fyddan nhw'n cicio! Ond dw i wrth fy modd.

Ydyn, mae David a fi wedi dechrau cadw'n heini. Dydd Sul aethon ni i'r ganolfan hamdden. Dw i'n dwlu ar sboncen. Dw i'n mwynhau *waldio*'r bêl yn erbyn y wal. Stopion ni ar ôl ugain munud. *Ro'n i* wedi blino'n lân! Roedd fy nghoesau fel jeli. Ond roedd hi'n hwyl. Wedyn aethon ni i nofio a chael 'sauna'. Braf iawn! Bydd y 'rhaglen ffitrwydd' yma'n beth da iawn i ni, dw i'n meddwl.

Mae fy ngrŵp canu o'r dosbarth Cymraeg eisiau gwneud rhywbeth i godi arian i'r Eisteddfod nesa. 'Beth am wneud calendr fel yn y ffilm *Calendar Girls*?', dwedodd un o'r dynion. 'Iawn, os dych chi'n gwneud sioe *The Full Monty*!',

---

credu – *to believe*
trin – *to treat, handle*
waldio – *to whack*
Ro'n i – *I was*

dwedon ni. Doedd y dynion ddim eisiau *tynnu'u dillad*, chwaith, diolch byth! *Penderfynon* ni drefnu Noson Lawen – cyngerdd amaturaidd, a phawb yn gwneud eitem, canu, gwneud sgets, darllen *cerdd*, ayb. Dw i'n mynd i <u>drio</u> ysgrifennu cerdd Gymraeg.

Hwyl am y tro,
Sara

tynnu dillad – *to take off clothes*
penderfynu – *to decide*
cerdd – *poem*

Dydd Sadwrn 19 Medi

Helo Sara,

Rwyt ti a David yn mwynhau eich 'rhaglen ffitrwydd', felly – gwych! Ydy David yn teimlo'n well nawr?

Cawson ni amser da'n merlota ond o, fy *mhen-ôl*! Ro'n i'n stiff iawn am ddau ddiwrnod, ond dw i'n iawn nawr. Mwynheuodd y plant yn fawr iawn a nawr mae Tom 'eisiau ceffyl yn anrheg Nadolig'. (*Dim gobaith caneri!*)

Mae newyddion gwych gyda fi. Ces i syrpreis ffantastig yn y post ddoe. Llythyr *post-awyr* o Gymru – oddi wrth fy mam-gu! Mae fy Anti Gwen *wedi dweud wrth* fy mam-gu a nhad-cu am hanes Mam a fi. Llythyr hyfryd iawn yw e, yn dweud 'Croeso i'r teulu'. Llythyr Cymraeg, felly llawer o edrych yn y geiriadur!

Ysgrifennodd fy mam-gu rywbeth od am fy mam. Roedd hi'n 'teimlo' bod Mam wedi marw, dwedodd hi. Ar ôl 37 *mlynedd*, a dim gair. Mae hi'n drist iawn, ond doedd hi ddim yn synnu. Mae hi'n dal i feddwl am fy mam bob dydd, mae hi'n dweud. Ond mae hi a fy nhad-cu'n hapus iawn i glywed am wyres a *gorwyrion* yn Awstralia. Maen hi'n gofyn llawer o gwestiynau. Ac maen nhw eisiau

pen-ôl – *bum*	dim gobaith caneri! – *not a hope!*
post-awyr – *air-mail*	wedi dweud wrth – *has told*
mlynedd – *years*	gorwyrion – *great grandchildren*

cwrdd â ni. Dw i'n hapus iawn. Mae mam-gu a thad-cu gyda fi! Dw i ddim yn gallu *canolbwyntio* ar yr hanner marathon yfory o gwbl.

Dw i'n mynd i gael swper nawr. Mae Tony'n coginio pasta i fi. Mae'n bwysig bwyta llawer o garbohydrad cyn rhedeg ras hir, mae pobl yn dweud. (Esgus da i fwyta llawer o bethau neis!) Wedyn dw i'n mynd i gael bath a mynd i'r gwely'n gynnar. Gobeithio bydda i'n gallu cysgu.

Hwyl am y tro,
Ceri

canolbwyntio – *to concentrate*

Dydd Llun 21 Medi

Sut mae Ceri?

Newyddion bendigedig am y llythyr oddi wrth dy fam-gu,
wir. Dw i'n hapus iawn drosot ti. Ac maen nhw eisiau cwrdd
â ti! Wyt ti'n meddwl dod i Gymru?

Sut aeth y ras, ddoe? Ro'n i'n croesi bysedd i ti.

Ydy, mae David yn teimlo'n well nawr, dw i'n meddwl.
Cawson ni benwythnos da ac ymlaciodd David a
mwynhau cwmni'r plant. Chwaraeon ni sboncen eto
ddydd Sul. Roedd e'n hwyl. (Mae fy nghoesau fel jeli
eto, heddiw!)

Dw i'n dechrau ar y cwrs nyrsio ddydd Mercher. Dw i'n
nerfus nawr. Dw i'n siŵr bydd y bobl eraill yr y cwrs i gyd yn
ifanc. Oedran Emma ac Evan, siŵr o fod. Mae'r cwrs
Cymraeg yn dechrau nos Iau, hefyd. Dw i'n edrych ymlaen.
Ond dw i'n '*rhydlyd*' iawn ar ôl y gwyliau, dw i'n siŵr.

Mae Evan gartre am bythefnos nawr. Mae e'n cysgu
drwy'r bore ac yn bwyta popeth yn yr *oergell*. Mae e wedi
blino ar ôl gweithio yn y gwesty dros yr haf, mae e'n
dweud. Felly dw i'n sbwylio fe, hefyd, nawr. Ond chwarae

rhydlyd – *rusty*
oergell – *fridge*

teg, coginiodd e swper i ni neithiwr. Mae e'n gogydd da.
Ond mae e'n gwneud llanast mawr yn y gegin!

Nos Sadwrn nesa dyn ni'n cael parti ffarwél i Emma,
gyda'r teulu a ffrindiau. Wedyn, ddydd Sul, dyn ni'n mynd i
Fangor gyda Emma a'i 'stwff' i gyd. Bydd Evan yn mynd yn
ôl i Lundain yr wythnos nesa. Bydd y tŷ'n teimlo'n *wag* iawn,
wedyn. Diolch byth am fy swydd newydd, hyfryd, a'r cwrs
Cymraeg – a'r sboncen, wrth gwrs. Fy therapi newydd!

Cawson ni newyddion da yr wythnos diwetha. Dyn nhw ddim
yn mynd i adeiladu'r archfarchnad newydd yma. Dyn ni'n
falch iawn. Mae'r 'bobl fach' wedi ennill!

Dw i'n edrych ymlaen at gael darllen hanes yr hanner
marathon.

Cariad,
Sara

gwag – *empty*

Dydd Mawrth 22 Medi

Helo eto, Sara,

Llongyfarchiadau ar stopio'r archfarchnad! Da iawn, chi.
Am beth wyt ti'n mynd i brotestio nesa?

Aeth y ras yn eitha da, diolch. Ar ôl tua 10 milltir ro'n i
wedi blino'n lân ac yn meddwl, 'Dw i ddim yn gallu
gorffen!'. ('*Wedi bwrw'r wal*', mae pobl yn dweud.) Roedd
popeth yn brifo: fy nghoesau, traed, *cefn*, *breichiau*,
ysgwyddau . . . Ond roedd llawer o bobl yno, yn clapio ac yn
gweiddi, 'Keep going, you can do it'. Roedd hynny'n help
mawr. Ar ôl 11 milltir dechreuais i deimlo'n well, a
gorffennais i'r ras yn y diwedd. Doedd fy amser ddim yn dda
iawn, ond does dim ots. Dw i ar 'high' ers dydd Sul.
Y marathon, y flwyddyn nesa!

Nac ydw, dw i ddim yn meddwl mynd i Gymru ar hyn o
bryd. Wel, dw i eisiau mynd, wrth gwrs. Dw i eisiau gweld
fy mam-gu a nhad-cu, a'r teulu i gyd. A dw i eisiau gweld
cartre fy mam – ei thŷ, Abertawe, Cymru. Un dydd, cyn bo
hir, gobeithio. Dw i ddim yn gallu *fforddio* mynd ar hyn o
bryd. Does dim arian sbâr gyda ni nawr, ar ôl prynu'r tŷ.
Ond dw i'n ysgrifennu'n ôl at fy mam-gu a nhad-cu,

---

wedi bwrw'r wal – *have hit the wall*
cefn – *back*
braich (breichiau) – *arm(s)*
ysgwydd(au) – *shoulder(s)*
fforddio – *to afford*

yn Gymraeg, o diar! Dw i'n ysgrifennu am y pethau
dw i'n cofio am Mam, ac am fy mywyd i, a'r plant a Tony.
Dw i'n mynd i anfon llawer o luniau, hefyd. Dw i'n meddwl
am wneud fideo bach, hefyd, a'i anfon. *Tybed* oes fideos o'r
teulu gyda fy mam-gu neu fy antis?

Pob lwc yn y coleg yfory. Does dim ots os yw'r bobl eraill yn
ifanc. Mae profiad gyda ti. *Seren* y dosbarth, siŵr o fod!

Cariad,
Ceri

tybed – *I wonder*
seren – *star*

Nos Wener 25 Medi

Helo Ceri,

Diolch am dy e-bost diwetha.

Dw i'n ysgrifennu hyn am dri o'r gloch y bore. Dw i ddim yn gallu cysgu. Cafodd David newyddion mawr yn y gwaith heddiw. Mae ei gwmni'n cau ei swyddfa yng Nghymru. Maen nhw eisiau arbed arian. Bydd llawer o bobl yn colli eu swyddi. Dyn ni'n lwcus, a dweud y gwir. Maen nhw'n meddwl bydd swydd i David yn y brif swyddfa yn Llundain. Mae e'n mynd i Lundain yr wythnos nesa i siarad am y posibiliadau.

Y broblem yw, dyw David ddim yn gallu teithio i Lundain bob dydd. Gyrru i'r *orsaf*, tair awr ar y trên, mynd ar y tiwb, gweithio drwy'r dydd, gwneud y daith eto gyda'r nos . . .
Un posibilrwydd yw mynd i Lundain bob bore Llun a dod adre nos Wener. Ond dw i ddim yn hapus am y syniad o beidio gweld David o ddydd Llun tan ddydd Gwener bob wythnos. Mae syniad arall gyda David: symud i Lundain. Fe a fi. Mae Emma'n mynd i'r brifysgol, felly dyn ni'n *rhydd* nawr i gael 'antur newydd', mae e'n dweud.

Dw i ddim yn gwybod beth i'w feddwl. Mae gwaith David yn bwysig iawn, wrth gwrs. Bydd dau o blant gyda ni yn y brifysgol nawr, a dw i ddim yn ennill llawer o arian. Ond dw i ddim eisiau 'antur newydd'! Wel, dim yn Llundain. Mae'n braf mynd i Lundain am y penwythnos,

gorsaf – *station*
rhydd – *free*

ond dim i fyw. A dyn ni ddim yn gallu fforddio prynu tŷ yn Llundain, siŵr iawn. Dw i'n teimlo'n ofnadwy am Chris a Siân yn y gwaith, hefyd. Maen nhw'n talu am y cwrs nyrsio ym Mhen-y-bont. O diar!

Mae'n ddrwg gyda fi am ysgrifennu am bethau diflas, Ceri. Pethau da nawr, iawn? Llongyfarchiadau i ti ar yr hanner marathon! Mae'n wych. Rwyt ti'n *haeddu* medal am gario ymlaen a gorffen, dim ots am dy amser. Wyt ti'n siŵr am wneud marathon y flwyddyn nesa?

Mae parti ffarwél Emma yfory. Dw i'n mynd i drio anghofio am Lundain a mwynhau'r parti. Ddydd Sul dyn ni'n mynd ag Emma i Fangor. Bydd hi'n dda cael gweld ystafell Emma yn y Brifysgol. Dyn ni'n gallu gwneud yn siŵr bod ei chyfrifiadur a'i theledu a phopeth yn gweithio, a phrynu te a choffi a bwyd a phethau. 'Mam! Rwyt ti fel "mother hen"!', mae Emma'n dweud. Ond mae poeni am eich plant yn naturiol, dw i'n meddwl. (O diar, dw i'n ysgrifennu am bethau diflas eto!)

Beth wyt ti'n wneud y penwythnos yma? Ymlacio, gobeithio.

Ta ta am y tro,
Sara

---

haeddu – *to deserve*

Dydd Sul 27 Medi

Helo Sara,

Mae'n ddrwg gyda fi glywed am swydd David. Mae'n anodd iawn i chi. Dw i'n deall am waith David. Mae'n bwysig, wrth gwrs. Ond beth am dy 'antur newydd' di – dy swydd hyfryd, dy gwrs nyrsio, dy ddosbarth Cymraeg? Mae teuluoedd David a ti yng Nghymru hefyd. Dych chi'n nabod pobl yn Llundain o gwbl? Wyt ti wedi siarad â David am dy deimladau am symud i Lundain?

Gobeithio cawsoch chi barti da nos Sadwrn. Sut oedd Bangor, a ffarwelio ag Emma?

Mae newyddion mawr iawn gyda fi hefyd: dw i'n dod i Gymru! Mae fy nhad yn mynd i dalu am y daith a'r gwesty. Ces i e-bost hyfryd gan fy Anti Gwen *yn dweud bod* pawb yn y teulu eisiau cwrdd â fi. Mae croeso i fi aros gyda hi, dwedodd hi, os dw i'n gallu dod i Gymru. Ond bydd hi'n well aros mewn gwesty, *y tro cyntaf*, dw i'n meddwl. Ro'n i'n siarad â Dad wedyn a dwedodd e, 'Os wyt ti eisiau mynd i Gymru, paid poeni am yr arian, dw i'n hapus i dalu.' Felly dw i'n dod!

Dw i'n cael pythefnos o wyliau o'r ysgol ym mis Hydref. Dw i wedi bwcio ar-lein a bydda i'n cyrraedd ar 11 Hydref.

yn dweud bod – *saying that*
y tro cyntaf – *the first time*

Pythefnos i heddiw! Dw i ddim yn gallu aros. Beth wyt ti'n wneud ym mis Hydref? Wyt ti'n meddwl bydd hi'n bosibl i ti a fi gwrdd, hefyd?

O diar, dw i'n mynd ymlaen am fy newyddion da i, a dyw pethau ddim yn iawn o gwbl yn dy fywyd di. Mae'n ddrwg gyda fi. Dyw hi ddim yn deg. Gobeithio bydd ffordd rownd y broblem i David a ti, Sara.

Cariad,
Ceri

Dydd Mawrth 29 Medi

Sut mae Ceri?

Wel, *dyna beth* yw newyddion bendigedig! Rwyt ti'n dod i
Gymru. Wyt ti'n dod ar dy ben dy hun, neu gyda Tony a'r
plant? Mae dy antis a dy fam-gu a dy dad-cu a phawb yn
edrych ymlaen yn fawr iawn, dw i'n siŵr.

Wrth gwrs bydd hi'n bosibl i ti a fi gwrdd! Neu beth am ddod
i aros yma, yn lle aros mewn gwesty? Mae croeso yma os
wyt ti eisiau dod. Bydd hi'n wych.

Diolch yn fawr am dy eiriau caredig am swydd David,
symud i Lundain a phopeth. Rwyt ti'n iawn, dyw hi ddim yn
deg. Dw i ddim eisiau mynd! Dw i ddim eisiau gadael fy
swydd, fy nheulu a fy ffrindiau. (Mae Evan yn Llundain, wrth
gwrs, ond does dim teulu arall na ffrindiau yno.) Dw i ddim
eisiau gadael Cymru – dim i fyw. Ond dw i ddim eisiau
stopio David, os yw e eisiau mynd. Felly does dim *dewis*
gyda fi, dw i ddim yn meddwl. Mae pethau'n anodd iawn yn
y busnes adeiladu ar hyn o bryd, gyda'r problemau
economaidd. Felly does dim dewis gyda David, chwaith.

Aeth parti Emma'n dda iawn, diolch. Daeth teulu David o
Ferthyr, Mam a Dad, fy chwaer Rachel a Jane o Fryste,

dyna beth – *that's what (I call)*
dewis – *choice*

a ffrindiau ysgol Emma. Wrth lwc roedd y tywydd yn braf, felly roedd pawb yn yr ardd. (Dyn ni'n cael '*haf bach Mihangel*' yma – tywydd heulog, twym.) Penderfynodd David a fi beidio siarad am symud i Lundain. Dyw e ddim yn *sicr* eto. Parti ffarwél Emma oedd e, beth bynnag, dim ni. Ond roedd e'n <u>teimlo</u> fel ein ffarwél ni, hefyd. Yng nghanol y parti es i i'r ystafell wely i grio ar fy mhen fy hun. Ceisiais i ysmygu sigarét hefyd. Ych a fi! Ro'n i'n teimlo'n sâl ar ôl ysmygu hanner y sigarét. Felly dw i ddim yn gallu cael smôc nawr pan dw i'n crio! (Ie, peth da yw hynny, dw i'n gwybod!)

Roedd Emma'n hapus iawn i gyrraedd Bangor. Mae ystafell fach ond eitha neis gyda hi mewn *neuadd breswyl*. Gobeithio bydd hi'n hapus yn y Brifysgol. Ffoniodd hi fi neithiwr i ddweud 'Helo', ac roedd hi'n swnio'n iawn . . .

Hwyl am y tro. *Gwela i di* cyn bo hir!
Sara

---

haf bach Mihangel – *Indian Summer*
sicr – *certain*
neuadd breswyl – *hall of residence*
gwela i di – *I'll see you*

Dydd Iau 1 Hydref

Helo Sara,

Druan â ti, mae pethau'n anodd iawn ar hyn o bryd! Oes newyddion am swydd David? Beth dych chi'n mynd i wneud?

Diolch yn fawr am y *gwahoddiad* i aros gyda ti pan dw i'n dod i Gymru. Dw i wedi bwcio gwesty yn Abertawe, ond beth os dw i'n dod i aros am *noson* neu ddwy? Bydd hi'n wych cael amser i siarad â ti a gweld ble rwyt ti'n byw.

Dyw Tony a'r plant ddim yn dod i Gymru gyda fi'*r tro 'ma*. Y tro nesa, efallai, os bydd pethau'n mynd yn iawn. Dw i ddim yn meddwl bydd fy mhlant yn *fy ngholli i* o gwbl! Maen nhw'n mynd ar wyliau yn y 'campervan' gyda Tony, ei chwaer, Teresa, a'i phlant hi. Maen nhw'n mynd i Ynys Phillip i weld Parêd y Pengwiniaid. Pengwiniaid bach (neu 'Fairy Penguins') ydyn nhw. Bob nos maen nhw'n dod mas o'r môr a cherdded lan y traeth mewn 'parêd'. Mae coalas ar yr ynys, hefyd, a morloi. Mae'n hyfryd yno. Ro'n i'n poeni am adael y plant, yn enwedig Ruby, ond maen nhw'n edrych ymlaen at yr antur!

Hwyl,
Ceri

gwahoddiad – *invitation*
noson – *night*
y tro 'ma – *this time*
fy ngholli i – *miss me*

Dydd Gwener 2 Hydref

Helo Ceri,

Bydd hi'n hyfryd i ti ddod i aros am noson neu ddwy. Pryd rwyt ti eisiau dod? Dw i'n gallu bwcio gwyliau o'r gwaith. Os wyt ti yma ar y dydd Iau rwyt ti'n gallu dod i'r dosbarth Cymraeg gyda fi, os wyt ti eisiau!

Mae David yn Llundain ers dydd Llun. Mae e'n mynd i *gyfarfodydd* yno, i siarad am brosiectau'r cwmni, a'r posibilrwydd o swydd. Mae e'n dod adre heno. Dyn ni'n mynd i siarad am bopeth dros y penwythnos.

Es i i'r dosbarth Cymraeg neithiwr. Amser coffi siaradais i am swydd David. Roedd pawb yn dweud, 'Paid symud i Loegr!'. Ond mae dosbarthiadau Cymraeg yn Llundain, dwedodd Huw. Felly os dw i'n mynd, dw i'n gallu cario ymlaen gyda'r Gymraeg, *o leia*.

Mae'r ddwy gath yn ceisio eistedd ar fy *nglin*. Mae'n hyfryd cael cwmni, ond mae'n anodd iawn teipio!

Ta ta am y tro,
Sara

cyfarfodydd – *meetings*
o leia – *at least*
glin – *lap*

Dydd Sul 4 Hydref

Helo eto Sara,

Gobeithio cest ti gyfle i siarad â David am bopeth.

Dw i'n brysur iawn y penwythnos yma'n *golchi*, smwddio a phacio i fi, Tony a'r plant. Sut mae'r tywydd yng Nghymru ar hyn o bryd? Ydy hi'n oer? Dw i ddim yn siŵr pa ddillad i'w pacio.

Mae'n gyffrous iawn pacio i ddod i Gymru! Ond dw i'n dechrau teimlo'n nerfus nawr – am y daith, ac am gwrdd â'r teulu. Gobeithio byddan nhw'n fy hoffi i. Dw i ddim eisiau eu *siomi* nhw. Dw i'n edrych ymlaen at gwrdd â fy mam-gu a fy Anti Gwen a'i theulu, ond dw i'n nerfus am fy nhad-cu a fy Anti Megan. Trueni bod Tony a'r plant ddim yn gallu dod gyda fi.

Dw i'n edrych ymlaen yn fawr iawn, iawn at gwrdd â ti, Sara! Beth am ddydd Iau 15 i ddydd Sadwrn 17 Hydref? Bydd hi'n od iawn (ond yn hyfryd) siarad â ti, yn lle teipio ac anfon e-byst. Wyt ti'n siŵr bydd hi'n iawn i mi ddod i dy ddosbarth Cymraeg ar y nos Iau? Bydd pobl yn *chwerthin* am fy acen Awstralaidd, siŵr o fod!

Hwyl am y tro,
Ceri

golchi – *to wash*
siomi – *to disappoint*
chwerthin – *to laugh*

Dydd Llun 5 Hydref

Hi Ceri,

Diolch am dy neges.

Dw i'n gallu deall am dy *nerfusrwydd* am ddod i Gymru a gweld y teulu, Ceri. Mae'n naturiol. Ond maen nhw <u>eisiau</u> cwrdd â ti, cofia. Bydd croeso mawr i ti yn Abertawe, dw i'n siŵr.

Dw i ddim yn gallu aros i ti ddod yma. Rwyt ti'n iawn, bydd hi'n od i ti a fi weld *ein gilydd*, a siarad. Ond bydd hi'n wych! Ac mae'n iawn i ti ddod i'r dosbarth. Dw i wedi gofyn i Huw, y tiwtor. Mae pawb yn edrych ymlaen at gwrdd â ti.

Mae'r tywydd yn heulog yma ar hyn o bryd, ond mae'n oer gyda'r nos. Gobeithio bydd hi'n aros yn braf i ti. (Ond bydd hi'n bwrw glaw, siŵr o fod, felly mae côt law yn syniad da!)

Mae llawer o newyddion gyda fi. Cafodd David a fi sgwrs hir am bopeth, dros y penwythnos. Siaradais i am fy nheimladau am adael fy nheulu a fy ffrindiau, fy swydd, fy nghartre, Cymru. Siaradodd David lawer hefyd. Dyw e ddim eisiau byw yn Llundain, chwaith, dwedodd e! Roedd un wythnos yn ddigon. A dyw e ddim eisiau gadael pawb a phopeth yma. Mae e wedi bod yn meddwl llawer am

---

nerfusrwydd – *nervousness*
ein gilydd – *each other*

ei frawd Gareth, hefyd. (Cafodd e strôc bach, os wyt ti'n cofio.) 'Mae bywyd yn rhy fyr i'w wastraffu!', dwedodd David. Hwrê!

Dyw David ddim yn gwybod eto beth mae e'n mynd i'w wneud. Mae ei swyddfa yng Nghymru'n cau fis Mawrth nesa, felly mae pum mis gyda fe i feddwl am bethau. Efallai bydd hi'n bosibl gweithio yn Llundain ddau neu dri diwrnod yr wythnos, a gweithio o'r tŷ *weddill yr wythnos*, mae e'n meddwl. Mae e'n mynd i edrych i mewn i ddechrau ei fusnes ei hun, hefyd.

Mae pethau'n teimlo'n well rhwng David a fi nawr. Roedd hi'n wych cael siarad yn onest â fe, a dweud sut dyn ni'n teimlo am bethau. Aethon ni i chwarae sboncen ddoe hefyd. Roedd hi'n grêt. Enillais i o ddwy gêm i un. Mae David yn dweud dw i 'fel gwraig wyllt' ar y cwrt sboncen! Mae e eisiau *tâl perygl* am chwarae gyda fi. Hy! Dyw e ddim yn hoffi colli, dyna'r gwir!

Sut wyt ti'n dod yma wythnos nesa? Ar y trên? Faint o'r gloch? Bydda i'n cwrdd â ti yn yr orsaf.

Hwyl am y tro,
Sara

gweddill yr wythnos – *the rest of the week*
tâl perygl – *danger money*

Dydd Mercher 7 Hydref

Helo eto Sara,

Roedd hi'n wych clywed bod David a ti wedi siarad am bopeth a'ch bod chi'n gobeithio aros yng Nghymru. Rwyt ti'n swnio'n hapus iawn.

Diolch am dy eiriau caredig am y teulu yn Abertawe. Ces i e-bost y bore 'ma gan Anti Gwen. Mae pawb yn *llawn cyffro* am gwrdd â fi, mae hi'n dweud. Mae hi'n gofyn ble dw i eisiau mynd a beth dw i eisiau weld yng Nghymru. Mae llawer o syniadau gyda hi: lleoedd yn Abertawe, Caerdydd, *Gŵyr*, y wlad, y mynyddoedd, ayb. Dw i'n edrych ymlaen.

Dw i'n methu aros tan ddydd Iau nesa, a chwrdd â ti! Dw i ddim yn siŵr eto faint o'r gloch bydda i'n cyrraedd. Bydda i'n dy ffonio di o Abertawe. Beth yw dy rif ffôn di?

Dw i'n mynd i wneud mwy o olchi a smwddio nawr – mae'r plant wedi *dwyno* eu dillad yn barod.

Gwela i ti wythnos nesa!
Ceri

---

llawn cyffro – *full of excitement*
Gŵyr – *Gower*
dwyno – *to dirty*

Dydd Iau 8 Hydref

Helo Ceri,

Diolch am dy e-bost.

Fy rhif ffôn yw 07700 900363. Bydda i'n aros am dy drên ddydd Iau nesa, yn gwisgo *crys chwys* gwyrdd gyda *draig goch*. A phaid bod yn nerfus! Wel, bydda i dipyn bach yn nerfus, siŵr o fod. Pan dw i'n nerfus dw i'n siarad gormod!

Bydd hi'n ffantastig dy weld di yma, yng Nghymru. Wyt ti'n gwybod beth, Ceri? Dw i ddim wedi cwrdd â ti (eto), ond rwyt ti'n teimlo fel hen ffrind. Dyn ni wedi 'siarad' am lawer o bethau yn ein *negeseuon* e-bost ni, on'd dyn ni? Pethau pwysig. Ac mae ymarfer Cymraeg drwy dy e-bostio di wedi bod yn help ffantastig. Dw i ddim yn teimlo'n dwp yn y dosbarth nawr. (Wel, dim ar hyn o bryd. Byddwn ni'n dysgu rhywbeth ofnadwy eto yn y dosbarth heno, siŵr o fod!)

Rwyt ti'n mynd i gael amser gwych yng Nghymru. Pob lwc gyda'r teulu yn Abertawe. Dw i'n siŵr bydd popeth yn mynd yn iawn i ti yno. Dw i'n edrych ymlaen at glywed yr hanes i gyd. Os oes unrhyw broblemau, ffonia fi, iawn?

Hwyl tan yr wythnos nesa,
Sara

---

crys chwys – *sweatshirt*
draig goch – *red dragon*
neges(euon) – *message(s)*

Dydd Sadwrn 10 Hydref

Heia Sara,

Dyma fy e-bost *olaf* cyn dod i Gymru! Diolch am dy neges gyda dy rif ffôn a phopeth.

Mae hi bron yn hanner nos, ac mae pawb yn y gwely, ond dw i ddim yn gallu cysgu. Dw i'n mynd i weld fy mam-gu a nhad-cu, fy antis ac yncl a chefnderoedd a phawb! Dw i wedi bod yn meddwl llawer am fy mam, hefyd. Yn cofio amseroedd hapus gyda hi. Ac yn cofio Mam yn dweud, 'dyn ni'n mynd adre i Gymru ryw ddiwrnod'. Nawr dw i'n mynd adre i Gymru *dros Mam*, dw i'n teimlo. Ac mae hi'n dod gyda fi, mewn ffordd – yn fy nghalon.

Dw i'n dod i weld fy e-ffrind Cymraeg yr wythnos nesa, hefyd! Mae'n wir, dyn ni fel 'hen ffrindiau', yn siarad (wel, yn e-bostio) am bopeth. Mae hi wedi bod yn wych. Lot o hwyl. Rwyt ti wedi bod yn *gefn i mi*, hefyd, Sara – gyda busnes fy nheulu yng Nghymru a phopeth.

Dw i'n gadael am hanner awr wedi chwech yn y bore, felly dw i'n mynd i'r gwely nawr i geisio cysgu. Nos da, hen ffrind!

Tan ddydd Iau,
Ceri

olaf – *last*
dros Mam – *for, on behalf of Mam*
cefn i mi – *a support to me*

Geirfa

enwau **g**wrywaidd (masculine nouns) = (g); enwau **b**enywaidd feminine nouns) = (b)

a dweud y gwir – *to tell the truth*
ac ati – *and so on*
acen (b) – *accent*
achub – *to save (e.g. life)*
aderyn (g) (adar) – *bird(s)*
adolygu – *to revise*
adduned(au) (b) – *resolution(s)*
addurno – *to decorate*
aeth – *went*
agos at dy galon – *close to your heart*
anghofio – *to forget*
ailgylchu – *to recycle*
am – *about*
am bris da – *for a good price*
am y tro – *for now*
amaethyddol – *agricultural*
amgylchedd (g) – *environment*
amhosibl – *impossible*
aml – *often*
amser – *time*
anfon – *to send*
anifail (g) (anifeiliaid) – *animal(s)*
anifeiliaid anwes – *pets*
anobeithiol – *hopeless*
anodd – *difficult*
anrheg(ion) (b) – *present(s)*
antur (b) – *adventure*
apwyntiad (g) – *appointment(s)*
ar bigau drain – *on tenterhooks*
ar gael – *available*
ar gyfer – *for*
ar hyd – *along*

ar lan y môr – *at the seaside*
ar werth – *for sale*
ar y ffordd – *on the way*
ar ôl – *after*
araf – *slow*
arall – *other*
arbed – *to save (e.g. money)*
arbennig – *special*
archfarchnad (b) – *supermarket*
ardal (b) – *area*
arholiad(au) (g) – *exam(s)*
arogl (g) – *smell*
aros – *to stay*
asiantaeth (b) – *agency*
astudio – *to study*
ateb – *to answer*
Awst – *August*
ayb. – *etc.*
bachgen (g) – *boy*
balch – *proud, pleased*
baner (b) – *flag*
Bannau Brycheiniog – *Brecon Beacons*
bardd (g) – *poet*
baw (g) – *dirt*
bedydd (g) – *christening*
beirniad(-iaid) (g) – *adjudicator(s)*
bendigedig – *wonderful*
beth am – *what about*
beth os – *what if*
blasus – *tasty*
blwyddyn (b) – *year*
bob nos – *every night*

bolltio – *to bolt (door)*
braich (b) (breichiau) – *arm(s)*
breuddwydio – *to dream*
brifo – *to hurt*
brwnt – *dirty*
brwsio – *to brush*
bugail (g) – *shepherd*
buodd Mam farw – *Mam died*
busnesu – *to stick nose in*
bwrdd (g) – *board, table*
bwyta'n iach – *to eat healthily*
bwyty (g) – *restaurant*
byd (g) – *world*
bydd barbeciw – *there will be a
    barbecue*
bydda i – *I will (be)*
byddan nhw – *they will (be)*
byddwn ni – *we will (be)*
bywyd (g) – *life*
bywyd gwyllt – *wildlife*
bywyd y môr – *sea life*
cacen(nau) (b) – *cake(s)*
cadw – *to keep*
cadw'n heini – *to keep fit*
cadwraeth – *conservation*
cae (g) – *field*
cael – *to have, to get*
cafodd – *had*
caled (yn galed) – *hard*
calon (b) – *heart*
campfa (b) – *gym*
cân (b) (caneuon) – *song(s)*
canlyniad(au) (g) – *result(s)*
cannwyll (b) (canhwyllau) – *candle(s)*
canol (g) – *centre*
canolbwyntio – *to concentrate*

Canolfan Dechnoleg Amgen – *Centre
    for Alternative Technology*
canolfan waith – *jobcentre*
cant – *a hundred*
cantores – *singer (female)*
canu – *to sing*
carchar (g) – *prison*
caredig – *kind*
caru – *to love*
cas – *nasty, horrible*
casáu – *to hate*
cath (b) – *cat*
cau – *to close*
cawl cennin a thatws – *leek and potato
    soup*
cawod(ydd) (b) – *shower(s)*
caws (g) – *cheese*
ceffyl(au) (g) – *horse(s)*
cefn (g) – *back*
cefn i mi – *a support to me*
cefnder / cyfnither – *cousin (m/f)*
cegin (b) – *kitchen*
ceisio – *to try*
celf a chrefft – *art and craft*
cenedlaethol – *national*
cennin Pedr – *daffodils*
cerdd (b) – *poem*
cerdded – *to walk*
cerddoriaeth (b) – *music*
ci (g) (cŵn) – *dog(s)*
cig (g) – *meat*
cinio (g/b) – *dinner*
cist (b) – *chest*
cleisiau – *bruises*
clòs – *close*
clustffonau – *headphones*
clyfar – *clever*

clywed – to hear

clywed yr hanes – *to hear all about it*

codi arian – *to raise money*

coed – *trees, a wood*

coediog – *wooded*

coes(au) (b) – *leg(s)*

cofio – to *remember*

cofia! – *remember!*

cogydd (g) – *chef, cook*

colli – *to miss, to lose*

colli'r cyfle – *to miss the chance*

colur (g) – *make-up*

côr (g) – *choir*

côr meibion – *male voice choir*

cornel (g/b) – *corner*

coron (b) – *crown*

coroni'r bardd – *the crowning of the bard*

costus – *expensive*

côt (b) – *coat*

crac (yn grac) – *angry*

creadigol – *creative*

credu – *to believe*

crio – *to cry*

crisialau – *crystals*

croesawu – *to welcome*

croesi bysedd – *cross fingers*

cryf – *strong*

crys (g) – *shirt*

crys chwys – *sweatshirt*

cwm (g) – *valley*

cwmni (g) – *company*

cwningen (b) (cwningod) – *rabbit(s)*

cwpwrdd (g) (cypyrddau) – *cupboard(s)*

cwrdd â – *to meet*

cwrw (g) – *beer*

cwsg (g) – *sleep*

cwtsh – *cuddle*

cwyno – *to complain*

cyfarchion – *greetings*

cyfarfod(ydd) (g) – *meeting(s)*

cyfeillgar – *friendly*

cyfeiriad (g) – *address*

cyffrous – *exciting*

cyfieithiad (g) – *translation*

cyfle (g) – *chance, opportunity*

cyflym (yn gyflym) – *quick(ly)*

cyfweliad (g) – *interview*

Cymdeithas Cymry – *Welsh Society*

Cymraes – *Welsh woman*

Cymry Cymraeg – *Welsh-speaking Welsh people*

cymryd – *to take*

cymysgu – *to mix*

cyn – *before*

cyn bo hir – *soon*

cyngerdd (g/b) – *concert*

Cyngor (g) – *Council*

Cyngor Cefn Gwlad – *Countryside Council*

cynnar – *early*

cynnig – *to offer*

cyrraedd – *to reach, to arrive*

cysgu – *to sleep*

cystadlu – *to compete*

cysylltu â – *to contact*

cytuno – *to agree*

cyw iâr – *chicken*

cywilyddus – *shameful*

chwaith – *either*

chwarae – *to play*

chwarae teg – *fair play*

chwaraeon – *sport*

chwareus – *playful*

Chwefror – *February*
chwerthin – *to laugh*
da iawn ti – *well done (you)*
dafad (b) (defaid) – *sheep*
dal ati – *stick at it*
damwain (b) – *accident*
dangos – *to show*
darn (g) – *piece*
dathlu – *to celebrate*
deall – *to understand*
dechrau – *to start*
defnyddio – *to use*
defnyddiol – *useful*
delio â – *to deal with*
derbyn – *to accept*
derbynfa (b)– *reception*
dewis – *to choose*
dewr – *brave*
di-Gymraeg – *non Welsh-speaking*
diddordeb(au) (g) – *interest(s)*
diddorol – *interesting*
digalon – *downhearted*
digalonni – *to lose heart*
digon – *enough*
digwydd – *to happen*
dillad – *lothes*
dillad gwely – *bedclothes*
dim gobaith caneri! – *not a hope!*
dim ond – *only*
dim yn dda iawn am – *not very good at*
dinas (b) – *city*
diolch byth – *thank goodness*
disgwyl – *to expect*
diwylliant (g) – *culture*
dod dros – *to get over, recover*
dodrefn – *furniture*
does dim ots – *it doesn't matter*

dogfen(nau) (b) – *document(s)*
doniol – *funny*
dosbarth (g) – *class*
draig goch – *red dragon*
dros Mam – *for, on behalf of Mam*
drosot ti – *for you*
druan â . . ! – *poor . . !*
drud – *expensive*
drws nesa – *next door*
drwy'r dydd – *all day*
du – *black*
dw i'n dal i – *I'm still*
dwl – *silly, daft*
dwlu ar – *crazy about, very keen on*
dŵr (g) – *water*
dwyieithog – *bilingual*
Dydd Gŵyl Dewi – *St David's Day*
Dydd San Steffan – *Boxing Day*
Dydd Sul y Mamau – *Mothering Sunday*
dyfodol (g) – *future*
dyn (g) (dynion) – *man (men)*
dyna beth yw ... – *that's what (I call)*
dyna braf – *that's nice*
dyna'r cwbl – *that's all*
ddoe – *yesterday*
e-bostio – *to e-mail*
e-bostiwch – *e-mail (i.e. instruction)*
Ebrill – *April*
eco-filwr – *eco-warrior (m/f)*
edrych am – *to look for*
edrych ar – *to look at*
efallai – *perhaps*
ei hun – *itself*
Eidalaidd – *Italian*
Eidaleg – *Italian language*
ein gilydd – *each other (us)*

elusen (b) – *charity*
emyn(au) (g) – *hymn(s)*
enfawr – *huge*
engrafiad(au) (g) – *engraving(s)*
ennill – *to win*
enwog – *famous*
eraill – *other (plural)*
erbyn – *by (the time)*
erbyn hyn – *by now*
ers – *since*
ers misoedd – *for months*
esbonio – *to explain*
esgus(odion) (g) – *excuse(s)*
eto – *again, yet*
ewythr (g) – *uncle*
fel arfer – *usually*
fel hyn – *like this*
felly – *so, therefore*
fy ngholli i – *miss me*
ffa – *beans*
ffenest(ri) (b) – *window(s)*
ffitrwydd – *fitness*
ffordd (b) – *road*
fforddio – *to afford*
ffowlyn (g) – *chicken*
ffrae – *a row, argument*
ffraeo – *to argue, to row*
ffrog (b) – *dress*
gadael – *to leave*
gaeaf (g) – *winter*
gair (g) (geiriau) – *word(s)*
galw – *to call*
galwyn – *gallon*
gan – *by, from*
garddio – *to garden*
geiriadur (g) – *dictionary*
glanhau – *to clean*

glas – *blue*
glin – *lap*
go-iawn – *real*
gobaith (g) – *hope*
gobeithio – *to hope*
gofalu am – *to take care of*
gofyn – *to ask*
golchi – *to wash*
Gorffennaf – *July*
gorffennol – *past*
gormod – *too much*
gorsaf (b) – *station*
gorwyrion – *great grandchildren*
gwael – *ill, bad*
gwag – *empty*
gwahanol – *different*
gwahoddiad (g) – *invitation*
gwallgof – *mad*
gwallt (g) – *hair*
gwanwyn – *spring*
gwario – *to spend (money)*
gwartheg – *cattle*
Gwartheg Duon Cymreig – *Welsh Black Cattle*
gwasanaeth (g) – *service*
Gwastadoedd Gwent – *the Gwent Levels*
gwastraffu – *to waste*
gwdihŵ – *owl*
gweddill yr wythnos – *the rest of the week*
gwefan (b) – *website*
gweiddi – *to shout*
gwela i di – *I'll see you*
gweld eisiau – *to miss*
gwely (g) – *bed*
gwers(i) (b) – *lesson(s)*

gwersyll (g) – *a camp*
gwersylla – *to camp*
gwerth chweil – *worthwhile*
gwerthu – *to sell*
gwesty (g) (gwestai) – *hotel(s)*
gwirfoddol – *voluntary*
gwisg (b) – *costume*
gwisgo – *to wear*
Gwlad Belg – *Belgium*
gwobr (b) – *reward, prize*
gŵyl Geltaidd – *Celtic festival*
gwyliau – *holidays*
gwylio – *to watch*
gwyn – *white*
Gŵyr – *Gower*
gwyrdd – *green*
gyrru – *to drive*
h.y. (hynny yw) – *i.e. (that is)*
haeddu – *to deserve*
haf (g) – *summer*
Haf Bach Mihangel – *Indian Summer*
hanes (g) – *history, story*
hanesyddol – *historic*
hapusrwydd – *happiness*
haul (g) – *sun*
hawdd – *easy*
heb – *without*
hefyd – *also*
helfa drysor – *treasure hunt*
hen-ffasiwn – *old-fashioned*
hir – *long*
holi – *to ask, enquire*
hufen (g) – *cream*
hufen iâ – *ice cream*
hwyr – *late*
hyd yn oed – *even*
hydref (yr hydref) – *autumn*

Hydref – *October*
hyfryd – *lovely*
hynny – *that*
hysbyseb (b) – *advertisement*
hysbysebu – *to advertise*
i gyd – *all*
iaith (b) – *language*
iaith y nefoedd – *the language of heaven*
iâr (b) (ieir) – *hen(s)*
iechyd (g) – *health*
Ionawr – *January*
isel – *low*
lafant – *lavender*
lan – *up*
lapio – *to wrap*
lolfa / ystafell fwyta – *lounge/diner*
losin – *sweets*
lot o hwyl – *a lot of fun*
llaeth (g) – *milk*
llanast (g) – *a mess*
llawer – *much, many*
llawn – *full*
llawn cyffro – *full of excitement*
lle(oedd) (g) – *place(s), space*
llen(ni) (g) – *curtain(s)*
lleol – *local*
llond ceg – *a mouthful*
llongyfarchiadau – *congratulations*
llun (g) – *picture*
Llundain – *London*
llyfrgell (b) – *library*
llym – *strict*
llysiau – *vegetables*
llysieuol – *vegetarian*
llythyr (g) – *letter*

mae diddordeb mawr gyda fe mewn – *he's very interested in*

mae'n ddrwg gyda fi – *I'm sorry*

maes awyr (g) – *airport*

Mai – *May*

mam-gu – *grandmother*

mamiaith – *mother tongue*

marchnad (b) – *market*

marchogaeth – *to ride a horse*

marwolaeth – *death*

Mawrth – *March*

meddwl (g) – *(n) mind, (v) to think*

meddygfa (b) – *surgery*

Medi – *September*

Mehefin – *June*

melyn – *yellow*

merch ddrwg – *naughty girl*

merlota – *pony trekking*

methu – *to be unable to, to fail*

mewn cariad – *in love*

mewn ffordd – *in a way*

mewn gwirionedd – *really, in truth*

mewn hwyliau da – *in good spirits*

mil(oedd) – *thousand(s)*

milfeddyg (g) – *veterinary surgeon*

milltir (b) – *mile*

mis – *month*

mochyn (g) (moch) cwta – *guinea pig(s)*

modryb – *aunt*

morgais (g) – *mortgage*

morloi – *seals*

morwyn briodas – *bridesmaid*

mudiad (g) – *organisation, movement*

munud (g/b) – *minute*

mwynhau – *to enjoy*

mynd â – *to take*

mynd am dro – *to go for a walk*

mynd drwy – *to go through*

mynd ymlaen – *to go on*

mynydd(oedd) (g) – *mountain(s)*

Nadolig Llawen – *Merry Christmas*

nant (b) – *stream, brook*

neb – *no-one*

neges(euon) (b) – *message(s)*

neidr (b) (nadroedd) – *snake(s)*

nerfusrwydd – *nervousness*

neu beidio – *or not*

neuadd breswyl – *hall of residence*

newid – *to change*

nodyn (g) – *note*

nofio – *to swim*

Nos Galan – *New Year's Eve*

noson (b) – *night*

Noswyl Nadolig – *Christmas Eve*

nyrs dan hyfforddiant – *trainee nurse*

nyth (b) – *nest*

o gwbl – *at all*

o gwmpas – *around*

o hyd – *still*

o leia – *at least*

o'r diwedd – *at last*

oed – *in age*

oedolyn (g) (oedolion) – *adult(s)*

oen (g) – *lamb*

oergell (b) – *fridge*

ôl-troed – *footprint*

olaf – *last*

on'd yw e? – *doesn't it?*

opera (b) (operâu) sebon – *soap opera(s)*

pa – *which*

Pabell y Dysgwyr – *The Learners' Tent*

padell ffrio – *frying pan*

pam – *why*

pan oedd Mam – *when Mam was/ used to*
paned (g) – *a cuppa*
parêd – *parade*
parod (yn barod) – *ready*
pawb ond – *everyone but*
peiriannydd sifil – *civil engineer*
peiriant monitro – *monitoring machine*
pêl-droed – *football*
pen-blwydd – *birthday*
pen-blwydd priodas – *wedding anniversary*
pen-ôl – *bum*
Pencampwriaeth y Chwe Gwlad – *Six Nations Championship*
penderfynu – *to decide*
pentre (g) – *village*
perffaith – *perfect*
pert – *pretty*
perth(i) (b) – *hedge(s)*
perygl (g) – *danger*
peryglus – *dangerous*
peth (g) – *thing*
pigog – *grumpy, prickly*
pili-pala – *butterfly*
pinc amdani – *pink it is*
planhigion – *plants*
plannu – *to plant*
plentyndod – *childhood*
pob hwyl – *good luck, all the best*
pob lwc – *good luck*
pob math o – *all kinds of*
pobl – *people*
popeth – *everything*
popty ping – *microwave*
posibl – *possible*
post-awyr – *air-mail*

potelaid o – *a bottle of*
pres – *brass*
presennol – *present*
prif filfeddyg – *chief vet*
prifysgol (b) – *university*
priod – *married*
priodas (b) – *wedding*
pris (g) – *price*
profiad (g) – *experience*
profion – *tests*
prynu – *to buy*
prysur (yn brysur) – *busy*
pwll glo (g) – *coalpit*
pwysau gwaed – *blood pressure*
pwysig – *important*
pymtheg – *fifteen*
pysgodyn (g) (pysgod) – *fish*
pysgota – *to fish*
pythefnos – *forthnight*
ras(ys) (b) – *race(s)*
roedd hiraeth arni hi – *she was homesick*
roedd pobl yn – *people used to*
rysáit (g) – *recipe*
Rhagfyr – *December*
rhai – *some*
rhamantus – *romantic*
rhan (b) – *part*
rhedeg – *to run*
rhedwyr – *runners*
rhesymol – *reasonable*
rhugl – *fluent*
rhwng – *between*
rhy fach – *too small*
rhy hwyr – *too late*
rhydd – *free*
rhydlyd – *rusty*